さっぱり&スパイシー

夏めし100

高橋雅子

JN202777

池田書店

夏めしのご紹介

夏をおいしく過ごすためのメニューを9パターン揃えました。冷たい飲み物と一緒にぜひ！

第1章 夏ご飯・夏麺

←P.14から

人気のエスニックご飯から、さらっといただけるスープご飯&牛肉のフォー、うま味たっぷりの焼きそば&焼きビーフン、辛味を効かせた和え麺&ラージャン麺など夏においしい12品。

第2章 夏の作り置き19&アレンジレシピ13

←P.38から

麺にのせたり、ご飯にのせたり、豆腐にかけたり、パンにはさんだり。アレンジ自在の「作り置き」をタイプ別に19レシピ掲載。さらにそれを使ったアレンジレシピも13品ご紹介。

第3章 肉レシピ

←P.96から

夏においしいボリューム満点の肉料理。ハーブや香辛料、にんにく、しょうが、エスニック調味料などを効かせてパンチのある味わいに。スタミナ不足のときにもおすすめの12品。

第4章 夏野菜の副菜

← P.126 から

夏野菜をたっぷり使った和え物や炒め物、さっぱりマリネの数々など、口休めの一品としても使える涼やかなメニュー。あともう一品ほしいときにもおすすめの10品。

第5章 魚介レシピ

← P.138 から

エスニック風にアレンジした揚げ物や炒め物、スパイシーに味つけしたアクアパッツア、あさりを加えた台湾風卵焼きなど、食欲を刺激する夏の魚介料理12品。

火を使わないレシピ

← P.82 から

電子レンジとオーブントースターで作れる簡単クイックメニュー。レンジサラダチキンやレンジ焼売、焦げ目もおいしいグラタンやマヨネーズ焼きなど、手間をかけずにすぐ食べられます。

バインミー4種

← P.120 から

新しいのにどこかなつかしい巷で人気のベトナム風サンドイッチ。7種類の具材を紹介していますので、基本の具材を中心に好みでたっぷりはさんでいただきましょう。

夏においしい冷奴

← P.162 から

夏にうれしい変わり冷奴のバリエーション。具材を切ったり、ゆでたり、レンチンして、味をからませて豆腐にのせるだけ。

夏バテ知らずの文字だけレシピ

← P.166 から

まだまだある素材別、調理法別で分かりやすい夏においしい簡単レシピ集。

夏をおいしく過ごす味わいとは？

暑い夏を乗り切るために素材や調味料、調理法にも工夫しました。

さまざまな辛味で食欲アップ

辛い料理は夏に落ちがちな食欲をアップしてくれます。七味唐辛子、豆板醤、青唐辛子のピリ辛味、カレー粉、五香粉の食欲をそそるスパイシーな辛味、花椒、麻辣醤のしびれるような辛味など。

麻婆ご飯 P.14、鶏肉飯 P.16、魯肉飯 P.18、ねぎ豚辛和え麺 P.26、ラージャン麺 P.32、さばドライカレーライス P.58、台湾まぜそば P.68、冷製トマトパスタ P.76、レンジタンドリーチキン P.86、パクチーたっぷりよだれ鶏 P.96、鶏レバーのピリ辛酢煮 P.100、豚バラレッドカレー焼き P.106、スペアリブの豆豉蒸し P.110、キャベツとひき肉のサブジ風 P.134、スパイシーアクアパッツァ P.148。

酸っぱさが食欲を刺激する

爽やかな酸味も食欲を刺激してくれます。レモンやライム、黒酢、ワインビネガーなどに含まれるクエン酸は、食欲増進や疲労回復にも効果があります。

あさりとバジルのスープご飯 P.20、牛肉のフォー P.34、トマトサラダのせご飯 P.60、冷製トマトパスタ P.76、トマト和え麺 P.78、パクチーたっぷりよだれ鶏 P.96、鶏レバーのピリ辛酢煮 P.100、夏野菜たっぷり油淋鶏 P.102、カロリー控えめ酢豚風 P.108、パプリカクミンマリネ P.130、焼きなすのエスニックマリネ P.132、グリーンアスパラの卵ソース P.133、夏野菜とツナのマリネ P.135、えびとれんこんの揚げワンタン P.154、さばの甘酢あんかけ P.160。

鶏肉・豚肉・レバーで夏バテ防止

鶏肉に含まれるイミダゾールペプチドは抗酸化作用と疲労回復に効果あり。豚肉に含まれるビタミンB1には疲労回復効果が。レバーは必須アミノ酸をバランスよく含み、ビタミンも豊富で抗酸化作用に優れ免疫力を高めてくれます。

鶏肉飯 P.16、魯肉飯 P.18、ねぎチャーシュー冷やし中華 P.22、ねぎ豚辛和え麺 P.26、豚にんにく和え麺 P.70、レンジサラダチキン P.82、レンジ焼売 P.84、レンジタンドリーチキン P.86、パクチーたっぷりよだれ鶏 P.96、鶏肉とトマトのナンプラー煮 P.98、鶏レバーのピリ辛酢煮 P.100、夏野菜たっぷり油淋鶏 P.102、鶏手羽とゴーヤの塩煮 P.104、豚バラレッドカレー焼き P.106、カロリー控えめ酢豚風 P.108、スペアリブの豆豉蒸し P.110、エスニック水餃子 P.116。

＊本書の多くのレシピで登場するスタミナ源の王様「にんにく」に関しては省きました。

ナンプラーで 香ばしさ&うま味プラス

エスニック調味料の代表ナンプラーを多用して、料理に香ばしさとうま味をプラス。食欲を刺激します。えび、いか、干しえび、ホタテ貝などの魚介を炒めて、コクとうま味をさらに凝縮した料理も。

黄ニラと生姜のホタテ焼きそば P.28、海鮮オイスター焼きビーフン P.30、牛肉のフォー P.34、ガパオご飯 P.56、素焼きそば P.72、エスニック水餃子 P.116、えび春雨 P.140、いかとセロリのナンプラー炒め P.142、ピータン、ピーナッツ、パクチー奴 P.162。

冷たい麺やマリネで 食欲回復

食欲がない夏の日でも、キリッと冷たい料理なら食べやすくなります。冷やし中華や冷製パスタ、つるっと冷やし麺は特におすすめ。夏野菜たっぷりのマリネや冷奴も。

冷やし鶏薬味麺 P.24、だしのっけ麺 P.74、冷製トマトパスタ P.76、トマト和え麺 P.78、牛肉入りサラダそば P.80、ピリ辛じゃこねぎ奴 P.162、ピータン、ピーナッツ、パクチー奴 P.162、アボカドとサーモンのしそ風味奴 P.163、モロヘイヤ奴 P.163。

ねばねば食材で 免疫力アップ

旬のオクラやモロヘイヤに含まれるねばねばのもとムチンという成分は、腸内環境を整えて免疫力を上げる効果が。納豆などの他の発酵食品と一緒に食べると、さらに効果倍増。

だしのっけ麺 P.74、夏野菜のピリ辛しゃぶしゃぶ P.114、夏野菜とツナのマリネ P.135、モロヘイヤ奴 P.163。

香味野菜とハーブで 食欲増進

しょうが、大葉、みょうがなどの香味野菜は、爽やかな香りと見た目の彩りで食欲アップ。香菜(パクチー)、クレソン、ミントなどのフレッシュハーブの鮮烈な香りも食欲を刺激します。

牛肉のフォー P.34、水なすマリネがけ湯葉ご飯 P.66、トマトサラダのせご飯 P.60、トマト和え麺 P.78、パクチーたっぷりよだれ鶏 P.96、夏野菜たっぷり油淋鶏 P.102、豚バラレッドカレー焼き P.106、夏の香味野菜と豚肉の和風マリネ P.136、いわしのつみれ揚げエスニック風 P.146、夏野菜とたこの青じそ炒め P.150、えびとれんこんの揚げワンタン P.154、アボカドとサーモンのしそ風味奴 P.163。

旬の夏野菜も 夏バテに効果あり

夏野菜の代表格である「なす」には、抗酸化作用や生活習慣病予防の効果が。「トマト」には生活習慣病を予防するβカロテンやリコピンが豊富。枝豆は非常に栄養価が高いことで知られ、パプリカ、ゴーヤにはビタミン類が豊富に含まれます。

トマトサラダのせご飯 P.60、水なすマリネがけ湯葉ご飯 P.66、だしのっけ麺 P.74、冷製トマトパスタ P.76、トマト和え麺 P.78、ゴーヤ塩 P.54、枝豆ナムル P.55、タコライス P.64、ズッキーニとえびのマヨネーズ焼き P.92、鶏肉とトマトのナンプラー煮 P.98、鶏手羽とゴーヤの塩煮 P.104、ゴーヤナムル P.127、パプリカクミンマリネ P.130、焼きなすのエスニックマリネ P.132、夏野菜とツナのマリネ P.135、さけと焼きトマトのナンプラー風味 P.144、夏野菜とたこの青じそ炒め P.150、いかのトマト煮 P.156。

目次

夏めしのご紹介……2
夏をおいしく過ごす味わいとは?……4
この本の使い方……12
用語解説……10・94

第1章 夏ご飯・夏麺

麻婆ご飯……14
鶏肉飯(チーロー飯)……16
魯肉飯(ルーロー飯)……18
あさりとバジルのスープご飯……20
ねぎチャーシュー冷やし中華……22
冷やし鶏薬味麺……24
ねぎ豚辛和え麺……26
黄ニラと生姜のホタテ焼きそば……28
海鮮オイスター焼きビーフン……30
ラージャン麺……32
牛肉のフォー……34
キンパ(韓国のり巻き)……36

第2章 夏の作り置き19&アレンジレシピ13

使い方いろいろ 夏においしい!作り置き19……38
作り置き① 肉味噌エスニック……40
作り置き② さばドライカレー……41
作り置き③ 肉味噌和風……42
作り置き④ 肉味噌チャイニーズ……43
作り置き⑤ ゆで豚にんにく醤油漬け……44

作り置き⑥ 牛肉の甘辛生姜炒め……45
作り置き⑦ プチトマトウスターソースレンジ煮……46
作り置き⑧ トマトサルサ……47
作り置き⑨ エスニックトマトソース……48
作り置き⑩ コーンガーリックラー油……49
作り置き⑪ 水なすマリネ……50
作り置き⑫ カリカリトッピング……51
作り置き⑬ 山形だし風……52
作り置き⑭ 炒りじゃこごま大葉……53
作り置き⑮ にんじん塩……53
作り置き⑯ オニオンスライス塩……54
作り置き⑰ ゴーヤ塩……54
作り置き⑱ 切りピーマン塩昆布……55
作り置き⑲ 枝豆ナムル……55

ガパオご飯……56
さばドライカレーライス……58
トマトサラダのせご飯……60
肉味噌おにぎり……62
タコライス……64
水なすマリネがけ湯葉ご飯……66
台湾まぜそば……68
豚にんにく和え麺……70
素焼きそば……72
だしのっけ麺……74
冷製トマトパスタ……76
トマト和え麺……78
牛肉入りサラダそば……80

第3章 肉レシピ

パクチーたっぷりよだれ鶏……96
鶏肉とトマトのナンプラー煮……98
鶏レバーのピリ辛酢煮……100
夏野菜たっぷり油淋鶏……102
鶏手羽とゴーヤの塩煮……104
豚バラレッドカレー焼き……106
カロリー控えめ酢豚風……108
スペアリブの豆豉蒸し……110
牛肉チャプチェ……112
夏野菜のピリ辛しゃぶしゃぶ……114
エスニック水餃子……116
厚揚げとひき肉の炒め物……118

第4章 夏野菜の副菜

ゆかりを使って簡単浅漬け……126
ゴーヤナムル……127
焼きピーマンごま酢マリネ……128
ベトナムサラダマリネ……129
パプリカクミンマリネ……130
焼きなすのエスニックマリネ……132
グリーンアスパラの卵ソース……133
キャベツとひき肉のサブジ風……134
夏野菜とツナのマリネ……135
夏の香味野菜と豚肉の和風マリネ……136

第5章 魚介レシピ

あじの香草パン粉焼き……138
えび春雨……140
いかとセロリのナンプラー炒め……142
さけと焼きトマトのナンプラー風味……144
いわしのつみれ揚げエスニック風……146
スパイシーアクアパッツァ……148
夏野菜とたこの青じそ炒め……150
あさりの卵焼き台湾風……152
えびとれんこんの揚げワンタン……154
いかのトマト煮……156
あじのごま竜田揚げ……158
さばの甘酢あんかけ……160

✷火を使わないレシピ

電子レンジ

レンジサラダチキン……82
レンジ焼売……84
レンジタンドリーチキン……86

オーブントースター

食パンとミートソースのグラタン……88
ソーセージとパプリカのチーズマスタード焼き……90
ズッキーニとえびのマヨネーズ焼き……92

✷夏においしい冷奴

ピリ辛じゃこねぎ奴……162・164
ピータン、ピーナッツ、パクチー奴……162・164
アボカドとサーモンのしそ風味奴……163・165
モロヘイヤ奴……163・165

✷バインミー4種

えびミンチ バインミー……120・124
コンビーフ バインミー……120・124
鶏肉・アボカド・マヨネーズ バインミー……121・124
牛しゃぶ バインミー……121・124

●バインミーの具材いろいろ

レンジでレバーペースト……122
大根とにんじんのなます……122
紫キャベツのなます……123
アーリーレッドのなます……123
きゅうりのなます……123
えびミンチ……123
牛しゃぶ……123

用語解説

【米油】

栄養成分豊富な米ぬかから抽出された油で、スーパービタミンEと呼ばれるトコトリエノールやポリフェノールの他、γ-オリザノールなどの有効成分を含有。血中コレステロールを減らし、抗酸化作用が高いので生活習慣病の予防や改善に効果的。他の植物油に比べて含まれる脂肪酸のバランスがよいため、胃もたれしにくく、揚げ物をしたときの油切れも抜群です。


【きび砂糖】

最低限の不純物を取り除き結晶化させたもので、ミネラルやカルシウムなどのさとうきび本来の栄養素が豊富に含まれる砂糖。味わいはまろやかでコクがあるので煮物などに向きます。上白糖に比べると、精製されていない分、消化吸収の速度はゆるやか。


【グラニュー糖】

上白糖より結晶が大きく、サラサラとした高純度の砂糖。非常に溶けやすく、クセのない淡白な甘さは、素材や風味を生かしたい料理に。飲み物や菓子作りなど幅広く使われます。


【上白糖】

一般的な砂糖のこと。結晶が細かく風味はソフト。料理全般のどんな用途にも合います。


【三温糖】

上白糖よりも純度が低く、色は黄褐色で甘さも強く、特有の風味があります。和食に使われることが多く、上白糖よりもコクや香ばしさがあるので、煮物や照り焼きにおすすめ。

夏バテ知らずの「文字だけレシピ」

《鶏肉・豚肉》

鶏むね肉と夏野菜のカレーソテー……166

レンジ蒸し鶏のコーンあん……166

ピリ辛レモンチキン……167

豚しゃぶと夏野菜のしょうがだれ……167

豚肉とあさりのガーリック蒸し煮……168

《夏野菜》

なすとえびのエスニック春雨サラダ……168

なすと豚バラの卵炒め……169

トマトの麻婆豆腐……169

パプリカと豆腐のコチュジャン炒め……170

きゅうりとレンジ蒸し鶏のごまだれ……170

きゅうり入り豚キムチ……171

かぼちゃのキーマカレー……171

ズッキーニとプチトマトの卵炒め……172

ズッキーニの豚巻きウスターソースだれ……172

枝豆のガーリック焼き……173

ゴーヤと豆腐のオイスター炒め……173

《麺&ご飯物》

ニラ納豆冷やし和え麺……173

ジャージャー麺風……174

キムチ焼きそば……174

カレーそば……174

豚バラとなすの卵とじ丼……175

オクラと豆腐のねばねば丼……175

この本の使い方

●計量の単位は、小さじ１＝５mℓ（cc）、大さじ１＝15mℓ（cc）。１カップ＝200mℓ（cc）。

●きび砂糖・グラニュー糖（P.10参照）を使用していますが、上白糖や三温糖（P.10参照）など、他の砂糖に置き換えることもできます。

●ナンプラーはニョクマムに置き換えることもできます。どちらも製品によって塩分が違うので調整してください。

●米油（P.10参照）を使用していますが、他の植物油に置き換えることもできます。

●バターは無塩バターを使用しています。

●オリーブ油はエクストラ・バージン・オリーブ油を使用。

●だし汁とは「昆布とかつお節でとった和風だし」のことです。市販のだしの素を使う場合は、なるべく食塩無添加の自然のものを使いましょう。顆粒だしは塩分が含まれるものが多いので、使う場合は塩分を加減して。

●加熱時間は鍋の大きさや素材により異なる場合があるので、表示時間を目安に様子をみながら調整してください。

●材料は基本的に「２人分」表記です。料理によっては「１人分」、「作りやすい分量」で表記しています。「１人分」のレシピで２人分作りたい場合は、レシピの分量を倍にしてください。

●電子レンジは600Wのものを使用。500Wの場合は加熱時間を1.2倍にしてください。

●レシピの火力は、とくに記述のない場合は「中火」です。

●さっぱり味の料理には●、スパイシーな料理には●をつけました。

＜揚げ油の温度の見方＞

●**低温（160℃）**／揚げ油に衣を落とすと、底まで沈み、ゆっくりと浮き上がってくる状態。

●**中温（170℃）**／揚げ油に衣を落とすと、底まで沈み、すぐに浮き上がってくる状態。

●**高温（180～190℃）**／揚げ油に衣を落とすと、沈まないで、油の表面でパッと散るように広がる状態。

第1章

夏ご飯・夏麺

麻婆ご飯

麻辣醤があれば手軽に本格的な味に。暑い時期に汗をかきながら食べる麻婆豆腐は格別！

●材料（2人分）

ご飯…2膳分
木綿豆腐…2丁
塩…ひとつまみ
A 米油（またはサラダ油）…小さじ2
A にんにく（みじん切り）…小さじ1
A しょうが（みじん切り）…小さじ1
B 合いびき肉…150g
B 酒…大さじ1
C 麻辣醤（P.94）…小さじ2
C 豆鼓醤（P.94）…小さじ1/2
C 紹興酒…大さじ1
C 鶏ガラスープ（市販品を表示通りに溶く）…100mℓ
長ねぎ（みじん切り）…5cm分
D 片栗粉…小さじ1
D 水…小さじ2
ごま油…小さじ1
香菜（ざく切り）…適量
花椒（P.94）…少々

memo
ひき肉は脂が抜けてカリッとするくらいまで炒めるとうま味が凝縮されます。よりおいしい豆腐を使うとワンランク上の味わいに。

●作り方

1 木綿豆腐は2cm角に切り、塩を加えた湯に入れる。沸騰しない程度の火加減で5分ゆで、ザルに上げる。**B**は混ぜておく。

2 フライパンに**A**を入れ、中火で炒める。香りが立ってきたら**B**を加え、ほぐしながら炒める。

3 肉がポロポロになるまでしっかり炒めたら**C**を順に加え、①を入れて5分煮る。長ねぎを加え、**D**の水溶き片栗粉を混ぜながら加えてとろみをつける。火を止める直前にごま油を加える。

4 器にご飯を盛り、③をかけたら香菜、花椒をふる。

鶏肉飯（チーロー飯）

魯肉飯と並ぶ人気の台湾グルメの定番ご飯。シンプルながら納得の味わいです！

●材料（2人分）

ご飯…2膳分
鶏むね肉…1枚（250g）
A┌紹興酒…大さじ1
　└塩…小さじ1
長ねぎ（青いところ）…1本分
しょうが（皮ごとつぶす）…1かけ
五香粉（P.94）…少々
B┌長ねぎ（みじん切り）…小さじ1
　│にんにく（みじん切り）…小さじ1
　└しょうが（みじん切り）…小さじ1
紹興酒…小さじ2
塩…少々
白こしょう…少々

●作り方

1 鶏肉は皮を取り、厚さが均一になるように切り開く（P.82参照）。混ぜておいたAを両面にまぶし、室温に30分おいてマリネする。厚手の鍋に湯500mlを沸かし、沸騰したら鶏肉、長ねぎ、しょうがを入れる。弱火にして10分ゆで、蓋をして火を止めて、そのまま30分おく。

2 鶏肉だけを取り出して五香粉をふり、乾かないようにラップをかけて冷ます。冷めたら手で割く。

3 フライパンに①の鶏皮を広げて入れ、弱火でじっくりと両面を焼く。皮から脂が出てカリッと焼けたら取り出し、細かく切る。

4 フライパンに残った油でBを炒め、香りが立ってきたら紹興酒、①のゆで汁100mlを加え、半量くらいまで煮つめる。塩で味をととのえてタレを作る。

5 器にご飯を盛り、②、③をのせて④のタレをかけ、白こしょうをふる。

魯肉飯（ルーロー飯）

じっくり煮込んで脂身がトロトロになったらでき上がり〜！ご飯泥棒！ビール泥棒！

●材料（2人分）

ご飯…2膳分
豚バラかたまり肉…150g
A
米油（またはサラダ油）…大さじ1
にんにく（つぶす）…1かけ
玉ねぎ（みじん切り）…1/4個分
B
酒…大さじ2
きび砂糖（または砂糖）…小さじ2
しょうゆ…小さじ2
五香粉（P.94）…少々
ゆで卵…2個
香菜…適量

●作り方

1 豚肉は1.5〜2cm角に切る。
2 厚手の鍋にAを入れ、強めの中火で炒める。玉ねぎの縁が焦げてきたらいったん取り出す。
3 ②の鍋に①を入れて炒める。肉の色が変わったらB、水100mℓ（分量外）を加えて蓋をし、弱火で30分〜1時間煮込む。途中、水分が足りなくなったら適宜足す。ゆで卵を半分にして加え、10分煮る。
4 器にご飯を盛り、③をかけて香菜を添える。

memo
豚肉はかたまり肉を用意して切り分け、さらに手でちぎって大きさを大小にするのがおいしさの秘訣。

あさりとバジルのスープご飯

あさりで作ると存在感のあるスープも簡単に。サラサラっといただけて疲労回復にも！

●材料（2人分）

ご飯…2膳分
あさり（砂抜きしたもの）…12個
A「オリーブ油…大さじ1
　「にんにく（みじん切り）…小さじ1
白ワイン…50㎖
トマト（5㎜角に切る）…大1/4個分
塩・こしょう…各少々
バジル（千切り）…4枚分

●作り方

1 鍋にAを入れて中火にかけ、香りが立ってきたらあさりを加えてさっと炒め、白ワインを加える。強火にしてアルコール分を飛ばしたら水100㎖（分量外）を加え、蓋をする。

2 あさりの口が開いたらトマトを入れ、トロッとしてきたら塩、こしょうで味をととのえる。

3 器にご飯を盛り、②をかけてバジルをのせる。

memo
お好みで赤唐辛子を加えてピリ辛にしても。

ねぎチャーシュー冷やし中華

麺と万能ねぎをタレで和えるひと手間がおいしく仕上げるポイントです！

●材料（1人分）

中華麺…1玉

A
- 砂糖…小さじ1
- しょうゆ…小さじ1
- 黒酢…小さじ2
- ごま油…小さじ1

万能ねぎ…2本

チャーシュー（市販）…3切れ

●作り方

1 ボウルにAを入れ、混ぜておく。万能ねぎは2〜3㎝長さに切る。

2 中華麺は袋の表示通りにゆで、冷水に取って冷やしてザルに上げ、水気をきる。

3 ①のボウルに②を入れ、万能ねぎを加えて手早く和える。器に盛り、チャーシューをのせる。

memo

ここでのチャーシューはP. 44「ゆで豚にんにく醤油漬け（肩ロースかたまり肉）」を使って作りました。

冷やし鶏薬味麺

鹿児島の郷土料理「鶏飯」をアレンジ。鶏のうま味としいたけのだしでさっぱりと！

●**材料（2人分）**

半田そうめん（または冷麦）…2人分
鶏ささみ…2本
A┌酒…小さじ2
　└塩…少々
干ししいたけ（戻す）…2個
B┌塩…少々
　└薄口しょうゆ…小さじ1
卵…1個
C┌塩…少々
　│片栗粉…小さじ1/2
　└水…小さじ1
万能ねぎ（小口切り）…1本分
もみのり…1枚分
白ごま（切りごま）…小さじ1

●**作り方**

1 ささみは筋を取り、耐熱容器に入れてAをふる。ラップをふんわりとかけて電子レンジで1分30秒加熱する。裏返してさらに30秒加熱し、ラップをしたまま冷ます。冷めてから手で割く。

2 戻した干ししいたけは5㎜厚さに切って小鍋に入れ、戻し汁に水（分量外）を加えて100㎖にしたもの、Bを加えて煮含める。

3 ボウルに卵を割りほぐし、Cを加えてよく混ぜる。ノンスティック加工（P.94）のフライパンに米油（分量外）をペーパーでなじませ、卵液を薄く流し入れて両面を焼き、冷めてから千切りにする。

4 そうめんは袋の表示通りにゆで、冷水に取って冷やしてザルに上げ、水気をきる。器に盛り、①、②、③、万能ねぎをのせて②の煮汁をかけ、もみのりをのせて白ごまをふる。

memo

お好みで七味唐辛子やゆず胡椒を添えても。

ねぎ豚辛和え麺

ラー油といっても辛くないので、お好きなだけたっぷりかけてどうぞ！

●材料（1人分）

冷麦…1束
えのきだけ（ほぐす）…1/4袋
チャーシュー（市販）…5切れ
長ねぎ（小口切り）…5cm分
A
ごま油…100mℓ
米油（またはサラダ油）…50mℓ
玉ねぎ（みじん切り）…1/8個分
にんにく（みじん切り）…小さじ2
カシューナッツ（きざむ）…10g
B
しょうゆ…小さじ1
花椒（P.94）…小さじ1/2
五香粉（P.94）…小さじ1/8
C
にんにく醤油（市販）…小さじ2
鎮江香酢（または黒酢）…小さじ1

●作り方

1 ラー油を作る。小鍋にAを入れて弱火にかけ、じっくりと加熱する。具が薄く色づいてきたらBを加えて混ぜ、火を止める。

2 冷麦は袋の表示通りにゆで、ゆで上がる30秒前にえのきだけを加えてザルに上げ、水気をきって器に盛る。

3 チャーシュー、長ねぎをのせ、混ぜておいたC、①のラー油を適量かける。

memo

ここでのチャーシューはP.44「ゆで豚にんにく醤油漬け（豚バラかたまり肉）」を使って作りました。にんにく醤油はその「漬け汁」を使っています。

鎮江香酢（ちんこうこうず）とは、中国江蘇省鎮江市名産の黒酢の一種。刺激が少なく濃厚な風味で香りがよいのが特徴。

黄ニラと生姜のホタテ焼きそば

黄ニラの甘味とやわらかさをいかすため合わせる具材はシンプルに！

●材料（1人分）

焼きそば麺…1玉
ホタテ貝柱（4等分に切る）…2個
黄ニラ（3㎝長さに切る）…1束
バター…10g
しょうが（千切り）…1かけ分
ナンプラー…小さじ2
粗びき黒こしょう…少々

●作り方

1 鍋に湯を沸かして焼きそば麺を入れ、さっと湯通ししてザルに上げ、水気をきる。

2 フライパンにバターを溶かしてホタテを炒め、色が変わったらいったん取り出す。

3 ②のフライパンに①を入れて炒め、②を戻して黄ニラ、しょうがを加え、ナンプラーで味をととのえる。器に盛り、黒こしょうをふる。

memo

黄ニラは日光を遮断して育てることで色は薄く、やわらかく育ちます。ニラ特有の臭みがないので苦手な人もチャレンジしてみて。風味は変わりますが、普通のニラでも作れます。

海鮮オイスター焼きビーフン

干しえびは炒めることで香ばしくなり、海鮮の風味をさらに引き立てます！

●材料（1人分）

ビーフン（表示通りにゆでる）…1人分
いか…小1ぱい
えび…2尾
ホタテ貝柱（1cm角に切る）…1個
干しえび…大さじ1
A
ナンプラー…小さじ1
酒…小さじ1
米油（またはサラダ油）…小さじ3
にんにく（みじん切り）…小さじ1
長ねぎ（斜め薄切り）…3cm分
赤パプリカ（細切り）…1/8個分
B
干しえびの戻し汁…全量
ナンプラー…小さじ1
オイスターソース…小さじ1
白こしょう…少々
香菜…適量
ライム（くし切り）…1切れ

●作り方

1 いかはゲソとワタを外し、胴を1cm幅に切る。えびは殻をむいて背中に切り目を入れ、背ワタを取る。ボウルにいかの胴、えび、ホタテ貝柱を入れ、Aで下味をつけておく。

2 干しえびはぬるま湯20mlにつけて戻し、みじん切りにする（戻し汁は取っておく）。

3 フライパンに米油小さじ2、にんにくを入れて炒め、香りが立ってきたら①を加えて炒める。具に火が通ったら長ねぎ、パプリカを加えてさっと炒め、いったん取り出す。

4 ③のフライパンに米油小さじ1を足して②を炒め、香りが立ってきたらビーフンを加えて炒める。③を戻して炒め、Bを加えて炒め合わせる。器に盛り、香菜をのせてライムを添える。

ラージャン麺

真っ赤なスープにスパイシーな香りが食欲をそそる。ガツンといきたいときは麻辣醤を増やして！

●材料（1人分）

中華麺…1玉
鶏ガラスープ（市販）…300㎖
チンゲン菜…1/2株
豚ロース薄切り肉（しゃぶしゃぶ用）…50g
A［しょうゆ…小さじ1
　麻辣醤（P.94）…大さじ3

●作り方

1 鶏ガラスープは、市販の素を表示通りに湯で溶いて作る。中華麺は袋の表示通りにゆで、水気をきって器に盛る。

2 別の鍋に湯（分量外）を沸かし、チンゲン菜をゆでて取り出し、豚肉を加えてさっとゆでてザルに上げる。それぞれしょうゆ少々（分量外）をまぶしておく。

3 鍋に鶏ガラスープを沸かしてAで味をととのえ、①の麺にかけて②をのせる。

牛肉のフォー

野菜と肉たっぷりのフォーはスープを作らなくてもおいしくできちゃいます！

●材料（1人分）

フォー…1人分
牛肩ロース薄切り肉（しゃぶしゃぶ用）…40g
ナンプラー…小さじ2
もやし…15g
A
サニーレタス…1/2枚
アーリーレッド（薄切り）…1cm分
クレソン・香菜・ミント…各適量
ライムまたはレモン（くし切り）…1切れ

●作り方

1 フォーは袋の表示通りにゆで、水気をきって器に盛る。

2 鍋に湯250㎖（分量外）を沸かしてナンプラーを加え、牛肉を入れてさっと火を通して取り出し、①のフォーの上にのせる。

3 ②のスープが再沸騰したらもやしを加えて火を止め、①にかける。Aの具材を彩りよくのせる。

memo
フォーはゆで時間が短いので、時間がないときに便利。

具をはみ出すように巻くとカワイイ！

キンパ（韓国のり巻き）

本場では太巻きにして辛子じょうゆで食べますが、ここでは少ない材料で簡単に作れる一口キンパを紹介します。

●材料（8個分）

あつあつご飯…1膳分
A 白ごま…小さじ1
A ごま油…小さじ1
A 塩…少々
にんじん（千切り）…1/4本分
ごま油…小さじ1
韓国のり…1袋（8枚切り8枚入り）
たくあん（千切り）…6切れ分

●作り方

1 ボウルにご飯、Aを入れて混ぜる。

2 にんじんは塩少々（分量外）をふって5分おき、しんなりしたらごま油を混ぜ、電子レンジで30秒加熱する。

3 巻き簀の上に韓国のりを縦におき、①の1/8量をのせて②、たくあんをのせる。手前側を持ち上げて向こう側のご飯の終わりと合わせるように丸く巻き、巻き終わりを下にして器に盛る。のりにごま油（分量外）をぬり、白ごま（分量外）をふる。

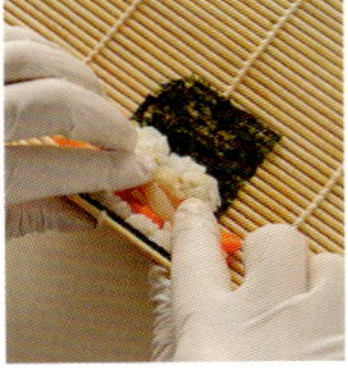

韓国のりの上にご飯をのせ（向こう側は1㎝以上あけておく）、にんじん、たくあんを適量のせて巻く。

第2章

夏の作り置き19&アレンジレシピ13

使い方いろいろ 夏においしい！作り置き19

麺にかけたり、ご飯や豆腐にのせても！

常備しておけば、いろいろな料理にアレンジできる作り置きを19レシピ掲載。たとえば、3パターン紹介している肉味噌なら、ご飯にのせるだけガパオご飯、麺と和えるだけで台湾まぜそばが、あっという間に作れます。トマトソースの作り置きなら麺類や肉・魚介のグリルソースなどに。そのまま食べてもおいしい野菜メインの作り置きは、ご飯物、麺類、サラダなどのアレンジに大活躍。調理時間の時短にもつながり大変便利です。

タイプは3つ！

1 肉・魚介の作り置き

肉や魚をシンプルに調理。さまざまな料理にアレンジ可能。

7レシピ

肉味噌エスニックP.40、さばドライカレーP.41、肉味噌和風P.42、肉味噌チャイニーズP.43、ゆで豚にんにく醤油漬けP.44、牛肉の甘辛生姜炒めP.45、炒りじゃこごま大葉P.53

2 トマトソースの作り置き

トマトベースの酸味とうま味が凝縮。麺類などのアレンジに。

3レシピ

プチトマトウスターソースレンジ煮P.46、トマトサルサP.47、エスニックトマトソースP.48

3 野菜メインの作り置き

さっぱり味の副菜が中心。さまざまな料理にアレンジ可能。

9レシピ

コーンガーリッククラー油P.49、水なすマリネP.50、カリカリトッピングP.51、山形だし風P.52、にんじん塩P.53、オニオンスライス塩P.54、ゴーヤ塩P.54、切りピーマン塩昆布P.55、枝豆ナムルP.55

たとえば、
「肉味噌チャイニーズ(P.43)」は…

アレンジレシピ

きゅうりの千切りと
中華麺で和えて
「台湾まぜそば(P.68)」に

豆腐にかけて

野菜と炒めて

オムレツの具に

チャーハンの具に

作り置き①

肉味噌エスニック

ガパオご飯やオムレツがさっと作れる！

保存の目安

冷めてから密閉容器に入れ、冷蔵庫で約5日間。

ガパオご飯

作り方はP.56

豆腐にかけて

野菜と炒めて

オムレツの具に

そのままおつまみに

チャーハンの具に

●材料（作りやすい分量）

鶏もも肉（1.5cm角に切る）…1枚

A にんにく（みじん切り）…小さじ2
香菜の根（みじん切り）…3株分
米油（またはサラダ油）…小さじ2

ナンプラー…小さじ2＋小さじ1

グラニュー糖（または砂糖）…小さじ2

青唐辛子（みじん切り）…1/2〜1本分（お好みで）

オイスターソース…小さじ2

●作り方

① フライパンにAを入れて炒め、香りが立ってきたら鶏肉、ナンプラー小さじ2を入れて炒める。

② 肉に火が通ったらグラニュー糖、青唐辛子を加え、ひと混ぜしてナンプラー小さじ1、オイスターソースを加え、水分がなくなるまで炒める。

作り置き②

さばドライカレー

栄養たっぷりで人気のさば缶がメインに変身！

豆腐にかけて

野菜と炒めて

オムレツの具に

そのままおつまみに

パンにはさんで

保存の目安

冷めてから密閉容器に入れ、冷蔵庫で約5日間。

さばドライカレーライス

作り方はP.58

●材料（作りやすい分量）

さば水煮缶（汁をきる）…1缶（190g）
オリーブ油…小さじ2
玉ねぎ（みじん切り）…1/4個分
にんにく（みじん切り）…小さじ2
プチトマト（4等分に切る）…10個
A カレー粉…小さじ2
　ウスターソース…小さじ2

●作り方

① フライパンにオリーブ油、玉ねぎ、にんにくを入れて火にかけ、玉ねぎがしんなりしたらさば缶を加え、ほぐしながら炒める。

② 水分が飛んでパラパラになったらプチトマト、Aを加えて炒め合わせる。

肉味噌和風

和風味噌味のそぼろは、おにぎりや弁当のおかずに！

豆腐にかけて
野菜と炒めて
卵焼きの具に
そのままおつまみに
チャーハンの具に

保存の目安

冷めてから密閉容器に入れ、冷蔵庫で約5日間。

肉味噌おにぎり

作り方はP.62

材料（作りやすい分量）

豚ひき肉…300g
酒・しょうゆ…各大さじ2
きび砂糖（または砂糖）…小さじ2
みりん…大さじ2
しょうが（すりおろし）…小さじ1
米油（またはサラダ油）…小さじ1

作り方

① 鍋にすべての材料を入れてよく混ぜ合わせ、火にかけて混ぜながら炒め煮する。
② 全体に火が通り、しっとりしているくらいに汁気を残して火を止める。

作り置き④

肉味噌チャイニーズ

ピリ辛の肉味噌は麺にご飯に野菜にと大活躍！

豆腐にかけて

野菜と炒めて

オムレツの具に

そのままおつまみに

チャーハンの具に

保存の目安

冷めてから密閉容器に入れ、冷蔵庫で約5日間。

台湾まぜそば

作り方はP.68

●材料（作りやすい分量）

合いびき肉…300g
米油（またはサラダ油）…大さじ3
にんにく（みじん切り）…小さじ2
しょうが（みじん切り）…小さじ1
長ねぎ（みじん切り）…10cm分
A 麻辣醤（P.94）…小さじ2
　豆鼓（P.94・みじん切り）…小さじ1
　しょうゆ…小さじ1

●作り方

① フライパンに米油、にんにくを入れて火にかけ、香りが立ってきたらひき肉を加え、ほぐすように炒める。肉が少しカリッとしてきたらしょうが、長ねぎを加えて炒める。

② 全体がなじんだらAを加え、炒め合わせる。

作り置き5

ゆで豚にんにく醤油漬け

スライスしておつまみ、冷やし中華や和え麺の具にも！

そのまま おつまみに

チャーハン の具に

パンに はさんで

なすや ピーマンと 炒めて

冷やし麺 の具に

保存の目安

冷めてから密閉容器に入れ、冷蔵庫で約5日間

豚にんにく和え麺

作り方はP.70

豚バラかたまり肉

● 材料（作りやすい分量）

豚肩ロースかたまり肉…400g
（または豚バラかたまり肉300g）

A
- 酒…100mℓ
- 長ねぎ（青い部分）…1本分
- しょうが（皮つきのままつぶす）…1かけ

B
- だし汁…120mℓ
- しょうゆ…120mℓ
- 酢…120mℓ
- みりん…60mℓ
- にんにく（つぶす）…1かけ

● 作り方

① 豚肉がぴったり入るくらいの大きさの鍋に豚肉を入れ、Aを加えてかぶるくらいの水（分量外）を加え、火にかける。沸騰してきたらごく弱火にし、アクを取りながら蓋をしないで30分ゆでる。

② Bは保存用密閉袋に入れて混ぜ、①の肉がゆで上がったら水気をきってすぐに入れ、空気を抜いて漬け汁にひたっているようにして冷めるまでおく。途中、何度か裏返す。

作り置き⑥

牛肉の甘辛生姜炒め

みんなに好かれる和風甘辛味の定番！

保存の目安

冷めてから密閉容器に入れ、冷蔵庫で約5日間。

牛肉入りサラダそば

作り方はP.80

豆腐にかけて

ご飯にのせて

パンにはさんで

そのままおつまみに

冷やしうどんの具に

●材料（作りやすい分量）

牛切り落とし肉…200g
米油（またはサラダ油）…大さじ1

A
だし汁…150㎖
酒…大さじ2
きび砂糖（または砂糖）…小さじ2
しょうゆ…小さじ2
しょうが（千切り）…5g

粉山椒…少々

●作り方

① 鍋に米油を熱し、牛肉を炒める。肉の色が少し変わったらAを加え、2〜3分煮る。

② 火を止めて、粉山椒を加えて混ぜる。

memo

粉山椒は香りが飛ばないように火を止めてから加えましょう。

作り置き⑦

生野菜と盛り合わせてサラダのせご飯がすぐ作れる！

プチトマトウスターソースレンジ煮

豆腐にかけて

パスタソースに

肉や魚介のグリルソース

そうめんの具に

保存の目安

冷めてから密閉容器に入れ、冷蔵庫で約5日間。

トマトサラダのせご飯

作り方はP.60

●材料（作りやすい分量）

プチトマト（半分に切る）…1パック（約20個）

にんにく（みじん切り）…小さじ1/2

ウスターソース…大さじ1

オリーブ油…大さじ1

●作り方

① 耐熱容器にすべての材料を入れて混ぜ合わせ、ラップをふんわりとかけて電子レンジで2分加熱する。

② 取り出して全体を混ぜ合わせ、さらに3分加熱する。

memo

電子レンジで作るので、煮込まなくてもいいように味の濃いプチトマトを使います。

作り置き⑧

トマトサルサ

トマト缶を使って混ぜるだけでピリ辛ソースに！

豆腐にかけて

サラダドレッシング

肉や魚介のグリルソース

冷やしうどんの具に

保存の目安

密閉容器に入れ、冷蔵庫で3〜4日間。

冷製トマトパスタ

作り方はP.76

●材料（作りやすい分量）

トマト水煮缶（カットタイプ）…1/2缶

にんにく（つぶす）…1/2かけ

青唐辛子（みじん切り）…1本

ピーマン（みじん切り）…1個

アーリーレッド（みじん切り）…1/4個分

レモン汁…小さじ2

タバスコ…小さじ1

コリアンダーパウダー…小さじ1

塩…少々

●作り方

① 容器にすべての材料を入れて混ぜ、しばらくおいてなじませる（にんにくは食べる直前に取り除く）。

作り置き⑨

エスニックトマトソース

青唐辛子とナンプラーを効かせた簡単トマトソース！

豆腐にかけて

サラダドレッシング

肉や魚介のグリルソース

冷やしうどんの具に

保存の目安

冷めてから密閉容器に入れ、冷蔵庫で約5日間。

トマト和え麺

作り方はP.78

材料（作りやすい分量）

トマト…大2個
オリーブ油…大さじ2
にんにく（みじん切り）…小さじ1
青唐辛子（粗みじん切り）…1本
ナンプラー…大さじ1
グラニュー糖（または砂糖）…小さじ1

作り方

① 鍋にオリーブ油、にんにくを入れて火にかけ、香りが立ってきたらトマト、青唐辛子を加えて軽く炒める。

② ナンプラー、グラニュー糖を加え、トマトが煮くずれるまで5分煮る。

memo

トマトは完熟のものがあればベスト。青いものは室温に数日おいて追熟させてから使いましょう。

作り置き⑩

コーンガーリックラー油

コーンはご飯にのせると甘くてうま味たっぷり！

↓

豆腐にかけて

そのままおつまみに

パンにはさんで

生野菜と和えてサラダ

冷やしうどんの具に

保存の目安

冷めてから密閉容器に入れ、冷蔵庫で約5日間。

タコライス
作り方はP.64

● 材料（作りやすい分量）

粒コーン缶…1缶（固形量155g）

A
- オリーブ油…150ml
- にんにく（みじん切り）…大さじ1と1/2
- 玉ねぎ（みじん切り）…1/8個分
- 青唐辛子（みじん切り）…1/2本分

塩…小さじ1

スモークパプリカパウダー（P.94）…小さじ1/2

● 作り方

① コーンはザルに上げて缶汁をきる。

② 鍋にAを入れて弱火にかけ、玉ねぎが薄いきつね色になったら粒コーン、塩を加える。ふつふつしてきたらスモークパプリカパウダーを加え、すぐに火を止める。

水なすマリネ

水なすはさっぱり和風マリネがおいしい！

保存の目安

密閉容器に入れ、冷蔵庫で3～4日間。

水なす
マリネがけ
湯葉ご飯

作り方はP.66

●材料（作りやすい分量）

水なす（乱切り）…2個
みょうが…1個
白ごま（切りごま）…小さじ1
A
白だし…大さじ1/2
太白ごま油…大さじ1

●作り方

① みょうがは縦半分に切ってから斜め切りにする。
② ボウルに①、水なす、白ごまを入れて混ぜ、Aを加えて混ぜる。

豆腐にかけて

そのままおつまみに

生野菜と和えてサラダ

冷やしそばの具に

memo

水なすはみずみずしくて甘さがあります。アクが少ないので生食に向いています。

作り置き⑫

カリカリトッピング

混ぜただけなのにすごくおいしい不思議なトッピング！

豆腐にかけて

そのままおつまみに

チャーハンの具に

冷やし中華の具に

和え麺の具に

保存の目安

密閉容器に入れ、常温で約2週間。

素焼きそば

作り方はP.64

●材料（作りやすい分量）

ドライマンゴー…15g
ピーナッツ…15g
バジル…4枚
フライドオニオン（市販）…10g
ナンプラー…小さじ1/2
粉唐辛子（または一味唐辛子）…少々

●作り方

① ドライマンゴーは小さくきざむ。ピーナッツは素揚げして小さくきざむ。バジルは手で小さくちぎる。
② すべての材料を混ぜ合わせる。

作り置き⑬

山形だし風

多めに作って冷蔵庫で常備すれば夏に大活躍！

保存の目安

密閉容器に入れ、冷蔵庫で2〜3日間。

だしのっけ麺

作り方はP.74

⇩

豆腐にかけて

ご飯にのせて

そのままおつまみに

冷やしそばの具に

●材料（作りやすい分量）

きゅうり…1本
なす…1本
オクラ…3本
みょうが（粗みじん切り）…1個
大葉（粗みじん切り）…3枚
A しょうゆ…大さじ1
白ごま（切りごま）…小さじ2

●作り方

① きゅうりは5㎜角に切る。なすは5㎜角に切って水にさらし、アク抜きして水気をきる。オクラは板ずりをしてさっと下ゆでし、縦半分に切ってから小口切りにする。

② ボウルに①、みょうが、大葉を入れ、Aを入れて混ぜ合わせる。

memo

夏のきゅうりは種を取り除いたほうがおいしくなります。水なすなら水にさらす必要はありません。

作り置き14

炒りじゃこごま大葉

材料（作りやすい分量）

しらす…100g
A
酒…大さじ3
みりん…大さじ2
白だし…大さじ1
白ごま（切りごま）…小さじ1
大葉（千切り）…5枚分

作り方

① 鍋にしらす、Aを入れて火にかけ、汁気が少なくなるまで煮る。
② しっとりさが残る程度で火を止め、ごま、大葉を加えて混ぜる。

{アレンジ}
豆腐にかける、ご飯にのせる、卵焼きの具に、そのままおつまみに、生野菜と和えてサラダに、和え物にかける、お弁当のおかずに。

保存の目安	冷めてから密閉容器に入れ、冷蔵庫で3〜4日保存可能。

作り置き15

にんじん塩

材料（作りやすい分量）

にんじん…小1本（100g）
塩…ひとつまみ（1g）

作り方

① にんじんはスライサーで千切りにし、塩をもみ込んでしばらくおく。

{アレンジ}
豆腐にかける、ご飯にのせる、そのままおつまみに、パンにはさんでサンドイッチに、生野菜と和えてサラダ、お弁当のおかずに。

保存の目安	密閉容器に入れ、冷蔵庫で3〜4日保存可能。

作り置き16

オニオンスライス塩

●材料（作りやすい分量）

玉ねぎ…1/2個（100g）

塩…ふたつまみ

グラニュー糖（または砂糖）…ふたつまみ

●作り方

① 玉ねぎは繊維に沿って薄切りにし、ボウルに入れて塩、グラニュー糖をまぶし、かぶるくらいの水（分量外）を加えて15分おく。

② ザルに上げ、水気をしっかりとる。

{アレンジ}

豆腐にかける、生野菜と和えてサラダに、和え物などに。

保存の目安	密閉容器に入れ、冷蔵庫で3～4日間保存可能。

作り置き17

ゴーヤ塩

●材料（作りやすい分量）

ゴーヤ（種とワタを取り厚さ5㎜の半月切り）…1本

塩…小さじ1/2

●作り方

① ゴーヤは氷水（分量外）に3分漬ける。氷水の中でゴーヤを軽くもんでから水分をしっかりとる。

② 塩をまぶす。

memo

ゴーヤは氷水に漬けることで苦みが抜け、食べやすくなります。

{アレンジ}

肉と炒める、生野菜と和えてサラダに、冷やし中華の具に、ごま油で炒めて和え物などに。

保存の目安	密閉容器に入れ、冷蔵庫で3～4日間保存可能。

作り置き18

切りピーマン塩昆布

●材料（作りやすい分量）

ピーマン…2個
塩昆布…5g

●作り方

① ピーマンは縦半分に切って細切りにする。
② 容器に①、塩昆布を入れて和える。

{アレンジ}

ご飯にのせる、そのままおつまみに、生野菜と和えてサラダに、冷やし中華の具に、ごま油で炒めて和え物などに。

保存の目安	密閉容器に入れ、冷蔵庫で3～4日間保存可能。

作り置き19

枝豆ナムル

●材料（作りやすい分量）

枝豆（さやから出した正味）…100g

A
しょうゆ…小さじ1/2
塩…少々
にんにく（すりおろし）…少々
白すりごま…小さじ1
ごま油…小さじ2
一味唐辛子…少々

●作り方

① 枝豆は電子レンジで加熱するか、熱湯でゆでてザルに上げる。
② ボウルにAを入れて混ぜ、①の枝豆が熱いうちに加えて混ぜ合わせる。

{アレンジ}

ご飯にのせる、そのままおつまみに、生野菜と和えてサラダに、お弁当のおかずなどに。

保存の目安	冷めてから密閉容器に入れ、冷蔵庫で3～4日間保存可能。

ガパオご飯

ご飯に肉味噌をのせるだけで人気のガパオご飯もさっと作れます！

●材料（1人分）

肉味噌エスニック…1/3量
ご飯…1膳分
パプリカ（細切り）…1/4個分
オリーブ油…小さじ2＋大さじ3
ナンプラー…小さじ1/2
卵…1個
バジル（ちぎる）…1〜2枚

●作り方

1 フライパンにオリーブ油小さじ2を熱し、パプリカを炒めてナンプラーで調味して取り出す。
2 ①のフライパンにオリーブ油大さじ3を熱し、卵を割り入れて揚げ焼きにする。
3 器にご飯を盛り、肉味噌エスニック、①、②を盛り、バジルを散らす。

麺にのせれば
「ガパオ麺」
中華麺をゆでて冷水でしめて器に盛り、肉味噌エスニックをのせる。

アレンジできる
作り置き1

肉味噌エスニック

作り方はP.40

好みの野菜と炒めたり、卵でとじてオムレツ、豆腐にのせたり、そのままおつまみにも。食パンに野菜とはさんでサンドイッチ、チャーハンの具にも。

さばドライカレーライス

人気のさば水煮缶をアレンジした作り置きで簡単スパイシードライカレー！

●材料（1人分）

さばドライカレー……1/2量
ご飯……1膳分
万能ねぎ（小口切り）……1本分
しょうが（千切り）……少々

●作り方

1 器にご飯を盛り、さばドライカレーをのせる。

2 万能ねぎを散らして、しょうがをのせる。

麺にのせれば

「さばドライカレー麺」

うどんをゆでて冷水でしめてきゅうり（千切り）と一緒に器に盛り、さばドライカレーをのせる。

アレンジできる
作り置き②

さばドライカレー

作り方はP.41

キャベツやピーマンと炒め合わせたり、豆腐にのせたり、フランスパンに野菜とはさんでバインミー風、チャーハンの具にも。

トマトサラダのせご飯

新鮮なグリーンハーブと万能ねぎを盛り合わせたヘルシーご飯！

●材料（1人分）

プチトマトウスターソースレンジ煮…1/2量
ご飯…1膳分
香菜（ざく切り）…1株分
クレソン（ざく切り）…1/3束
万能ねぎ（小口切り）…1/2本分
ピーナッツ…10g

●作り方

1 ピーナッツは素揚げして細かくきざむ。

2 器にご飯を盛り、香菜、クレソン、万能ねぎをのせてプチトマトウスターソースレンジ煮をかける。最後にピーナッツを散らす。

麺にのせれば

「トマトサラダうどん」

うどんをゆでて冷水でしめてサラダと一緒に器に盛り、プチトマトウスターソースレンジ煮をのせる。

アレンジできる 作り置き⑦

プチトマトウスターソースレンジ煮

作り方はP.46

豆腐にかけたり、ツナ缶を加えてパスタソースに、肉や魚介のグリルソースに、冷やしそうめんのトッピングにも。

肉味噌おにぎり

しょうがを効かせた甘じょっぱい肉味噌と大葉の爽やかさのハーモニー！

●材料（2個分）

肉味噌和風…大さじ2
ご飯…2膳分
大葉（ちぎる）…4枚

●作り方

1 ボウルにすべての材料を入れてざっくりと混ぜ、2等分しておにぎりを作る。

麺にのせれば

「冷やしそぼろそうめん」

そうめんをゆでて冷水でしめて器に盛り、肉味噌和風をのせる。

アレンジできる
作り置き③

肉味噌和風

作り方はP.42

好みの野菜と炒め合わせたり、卵焼きの具、豆腐にのせたり、チャーハンの具に、そのままおつまみにも。

タコライス

コーンがこんなに甘くてうま味があるなんて！ご飯にのせても大満足の味わい！

●材料（1人分）

コーンガーリックラー油…大さじ4
ご飯…1膳分
レタス（1cm幅に切る）…1枚分
プチトマト（4等分に切る）…2個
パルミジャーノチーズ（細切り）…少々

●作り方

1 器にご飯を盛り、レタスをのせてプチトマト、パルミジャーノチーズを散らす。
2 コーンガーリックラー油をかける。

麺にのせれば
「コーンそうめん」
そうめんをゆでて冷水でしめて器に盛り、コーンガーリックラー油をのせる。

アレンジできる 作り置き⑩

コーンガーリックラー油

作り方はP.49

豆腐にかけたり、生野菜と和えてサラダ、そのままおつまみにも。食パンに野菜とはさんでサンドイッチ、冷やし中華や冷やしうどんのトッピングにも。

水なすマリネがけ湯葉ご飯

冷たく冷やした具をあったかご飯にのせてさっぱりと！

●材料（1人分）

水なすマリネ…1/2量
ご飯…1膳分
生ゆば（刺身用）…1パック（1枚）
しょうゆ…適量
練りわさび…適量

●作り方

1 器にご飯を盛り、生ゆばをのせて水なすマリネをかける。
2 好みで、わさびじょうゆを添える。

麺にのせれば

「水なすマリネそば」

そばをゆでて冷水でしめて器に盛り、水なすマリネをのせる。

アレンジできる
作り置き11

水なすマリネ

作り方はP.50

豆腐にのせたり、そのままおつまみにも。冷やし中華や冷やしうどんのトッピングにも。

台湾まぜそば

麻辣醤や花椒を効かせたコクのある汁なし担々麺風！

●材料（1人分）

肉味噌チャイニーズ…大さじ3
中華麺…1玉
きゅうり（千切り）…1/6本分
しょうゆ…小さじ1/2
A 鎮江香酢（または黒酢）…小さじ1
ごま油…小さじ1
ゆで卵…1/2個
花椒（P.94）…少々

●作り方

1 中華麺は袋の表示通りにゆで、ザルに上げて水気をきる。

2 肉味噌チャイニーズ、きゅうり、Aで和えて器に盛り、ゆで卵をのせて花椒をふる。

ご飯にのせれば

「麻辣ご飯」

ご飯にきゅうり（千切り）と長ねぎ（千切り）を盛り、肉味噌チャイニーズをのせる。

肉味噌チャイニーズ

作り方はP.43

卵でとじてオムレツに、豆腐にのせたり、きゅうりや長ねぎと和えておつまみに、チャーハンの具に、冷やし中華や冷やしそうめんのトッピングにも。

豚にんにく和え麺

ガーリックが効いたピリ辛中華風あったか和え麺！

●材料（1人分）

豚にんにく醤油漬け（肩ロース）…60g
中華麺…1玉
セロリ（みじん切り）…5cm分
長ねぎ（みじん切り）…3cm分

A
豚にんにく醤油漬けの漬け汁…小さじ2
しょうが（みじん切り）…小さじ1/2
ごま油…小さじ1
粉唐辛子（または一味唐辛子）…少々

●作り方

1 豚にんにく醤油漬けは7mm角に切る。中華麺は袋の表示通りにゆで、ザルに上げる。

2 ボウルにAを入れて混ぜ、①の麺、セロリ、長ねぎを加えて和え、器に盛る。

ご飯にのせれば

「豚にんにくご飯」

ご飯に長ねぎの小口切り、豚にんにく醤油漬けをのせて漬け汁、ごま油を回しかける。

アレンジできる 作り置き5

ゆで豚にんにく醤油漬け

作り方はP.44

好みの野菜と炒め合わせたり、そのままおつまみに、パンに野菜とはさんでサンドイッチに、チャーハンの具に、冷やし中華のトッピングにも。

素焼きそば

焼きそば麺と混ぜるだけなのになんでこんなにおいしいの？

●材料（1人分）

カリカリトッピング…1/2量
焼きそば麺…1玉
米油（またはサラダ油）…小さじ2
にんにく（みじん切り）…小さじ1
ナンプラー…小さじ2
バジル（ちぎる）…1〜2枚

●作り方

1 鍋に湯（分量外）を沸かし、焼きそば麺を入れてさっと湯通ししてザルに上げる。

2 フライパンに米油、にんにくを入れて火にかけ、香りが立ってきたら①を加える。

3 麺に少し焦げ目がついてきたらナンプラーを鍋肌から加え、味をからめる。器に盛り、カリカリトッピングをのせてバジルを散らす。

memo
ナンプラーは鍋肌から加えることで香ばしさをプラス。

ご飯にのせれば

「うま味カリカリご飯」

ご飯にバジルをのせ、カリカリトッピングをのせる。

アレンジできる
作り置き⑫

カリカリトッピング

作り方はP.51

豆腐にかけたり、そのままおつまみに、チャーハンの具、冷やし中華や和え麺のトッピングにも。

だしのっけ麺

夏野菜と香味野菜を混ぜたねばねば食感がおいしい！

●材料（1人分）

山形だし風…1/3量
半田そうめん（または冷麦、そうめん）…1人分
貝割れ大根…適量
ごま油…小さじ1

●作り方

1 そうめんは袋の表示通りにゆで、冷水に取って冷やして水気をきり、器に盛る。

2 山形だし風をのせて貝割れ大根を添え、ごま油を回しかける。

memo
薄味のようなら、しょうゆなどで味を調整してください。

ご飯にのせれば
「だしのっけご飯」

ご飯に山形だし風をのせて、ごま油を回しかける。

アレンジできる 作り置き⑬

山形だし風

作り方はP.52

豆腐にのせたり、そのままおつまみに、冷たいそばや冷やしうどんの具にも。

冷製トマトパスタ

ホタテのうま味とトマトの酸味を楽しむ涼やかな一品！

●材料（1人分）

トマトサルサ…大さじ2
カッペリーニ…30g
ホタテ貝柱（1cm角に切る）…1個
香菜（ざく切り）…少々

●作り方

1 カッペリーニは袋の表示通りにゆで、氷水に取って冷やして水気をしっかりきり、ボウルに入れる。

2 トマトサルサ、ホタテ貝柱を加え、和えて器に盛り、香菜をのせる。

アレンジできる 作り置き⑧

トマトサルサ

作り方はP.47

豆腐にかけたり、サラダのドレッシング、肉や魚介のグリルソースにも。

トマト和え麺

酸味と香ばしさが引き立つピリ辛エスニック風和え麺！

●材料（1人分）

エスニックトマトソース…1/2量
半田そうめん（または冷麦）…1人分
豚ロース薄切り肉（しゃぶしゃぶ用）…60g
もやし…15g
香菜・ミント…各適量
ライム（くし切り）…1切れ
フライドオニオン（市販品）…少々

●作り方

1 鍋に湯（分量外）を沸かし、もやしをさっとゆでて取り出す。同様に豚肉もさっとゆでて取り出し、それぞれザルに上げて冷ます。

2 そうめんは袋の表示通りにゆで、冷水に取って冷やして水気をきり、ボウルに入れる。

3 ②に①、エスニックトマトソースを加え、和えて器に盛る。香菜、ミントをのせ、ライムを添えてフライドオニオンを散らす。

アレンジできる 作り置き⑨

エスニックトマトソース

作り方はP.48

豆腐にかけたり、サラダのドレッシング、肉や魚介のグリルソースにも。

牛肉入りサラダそば

暑い夏にさっと作れるアレンジ自由自在のスタミナ和え麺！

●材料（1人分）

牛肉の甘辛生姜炒め…1/2量
そば…1束
A
- みつ葉（ざく切り）…1株
- 万能ねぎ（斜め薄切り）…1本
- 貝割れ大根…1/2パック
- みょうが（千切り）…1/2個
- レモンスライス（6等分に切る）…2枚

B
- だし汁…60㎖
- しょうゆ…大さじ2

●作り方

1 そばは袋の表示通りにゆで、冷水に取って冷やして水気をしっかりきり、器に盛る。

2 混ぜておいたAをそばの上にのせ、牛肉の甘辛生姜炒めをのせる。

3 Bを混ぜ合わせて、②にかける。

ご飯にのせれば
「牛丼」

ご飯を盛って好みの野菜をのせ、牛肉の甘辛生姜炒めをのせる。

牛肉の甘辛生姜炒め

作り方はP.45

きのこや卵と炒めて牛肉炒飯、野菜とパンにはさんでサンドイッチ、卵でとじて卵とじ牛丼、うどんやそうめんの具にも。

電子レンジやオーブントースターだけで作れる
簡単&おいしいクイックメニュー

レンジサラダチキン

電子レンジ

●材料(作りやすい分量)

鶏むね肉…1枚(250g)
塩…小さじ1
酒…大さじ2
サラダ…適量
A オリーブ油・白ワインビネガー…各適量
塩・こしょう…各適量

●作り方

① 鶏肉は室温に1時間ほどおいて戻し、皮を取る。厚さが均一になるように切り開き(a)、塩を両面にふる。耐熱容器に入れて酒をかけ、ラップをふんわりとかけて電子レンジで2分加熱する。いったん取り出して肉を裏返し、再度ラップをかけて1分加熱して取り出す。そのまま20~30分おく。

② 食べやすく切り分けて、Aで和えたサラダ(サニーレタス、オクラ、ベビーコーン、アーリーレッドなど)を盛った器に盛る。

a

レンジ焼売

電子レンジ

●材料（12個分）

干しえび・酒…各大さじ1
A
豚ひき肉…150g
しょうが（みじん切り）…小さじ1
長ねぎ（みじん切り）…10cm分
オイスターソース…小さじ1
ナンプラー…小さじ1
ごま油…小さじ2
白こしょう…少々
焼売の皮…12枚
練りがらし…適量

memo

ターンテーブルタイプの電子レンジの場合、焼売は放射線状に丸く並べたほうが熱が均一に入りやすいです。

●作り方

① 干しえびはみじん切りにして、酒をかけて10分おく。ボウルにA（あんの材料）を入れ、よく練り混ぜて12等分する。

② 左手の親指と人差し指で丸を作り、焼売の皮をおいて上からあんを押し入れるようにして焼売の形にする。

③ キッチンペーパーは2枚重ねて水で濡らし、耐熱皿にしく。②の焼売をのせて、同じく2枚重ねて濡らしたキッチンペーパーをかけ（a）、全体にラップをふんわりとかける。

④ 電子レンジで4分加熱して器に盛り、練りがらしを添える。

a

レンジタンドリーチキン

電子レンジ

●材料（作りやすい分量）

鶏むね肉（8等分に切る）…1枚

A
- ヨーグルト…大さじ2
- しょうゆ・トマトケチャップ…各大さじ1
- カレー粉・はちみつ…各小さじ2
- にんにく（すりおろし）…小さじ1
- 塩…小さじ1/2

●作り方

① ボウルにAを入れて混ぜ、鶏肉を加えて混ぜ合わせ、30分おく。

② 耐熱皿に①をくっつかないように離して並べ、ラップをふんわりとかける。

③ 電子レンジで4分加熱し、いったん取り出して裏返し、再度ラップをふんわりとかけて1分30秒加熱する。

memo

スパイシーなタンドリーチキンが好みなら、カレー粉を増やしても。

オーブントースター

食パンとミートソースのグラタン

●材料（作りやすい分量）

合いびき肉…50g

A
- 玉ねぎ（みじん切り）…大さじ1
- にんじん（みじん切り）…大さじ1
- セロリ（みじん切り）…大さじ1
- にんにく（みじん切り）…小さじ1
- 塩…小さじ1
- オリーブ油…大さじ1

B
- トマト水煮缶（ホール）…1/2缶（200g）
- 薄力粉・ウスターソース…各大さじ1
- グラニュー糖（または砂糖）…小さじ1
- ローリエ…1枚

食パン（6枚切り）…1枚

タバスコ…少々

シュレッドチーズ…大さじ1

●作り方

① ミートソースを作る。耐熱ボウルにAを入れて混ぜ、ラップをしないで電子レンジで2分加熱する。いったん取り出してBを加え、ラップをしないで4分加熱する。

② 食パンはサイコロ状に切り、オーブン対応のグラタン皿（耐熱容器）に入れる。①のミートソースを大さじ3〜4かけ、タバスコをふってチーズをのせる。オーブントースターに入れ、チーズが溶けて焼き色がつくまで8分ほど加熱する。

memo

シュレッドチーズとは、ナチュラルチーズを細かく切ったもので主にピザやグラタンなどの料理に使われます。ピザ用チーズとも。

電子レンジを使えばミートソースの煮込み時間の短縮が可能。食パンをペンネに代えてパスタグラタンにしても。

オーブントースター

ソーセージとパプリカのチーズマスタード焼き

●材料（作りやすい分量）

ソーセージ…４本
黄パプリカ（短冊切り）…1/8個
粒マスタード…小さじ１
シュレッドチーズ（P.88）…大さじ１
粗びき黒こしょう…少々

●作り方

① オーブン対応の耐熱容器にソーセージ、黄パプリカを入れ、粒マスタード、シュレッドチーズ、黒こしょうを順にかける。

② オーブントースターに入れ、チーズが溶けて焼き色がつくまで8分ほど加熱する。

memo

ブロッコリーやグリーンアスパラを加えても。その場合は、野菜は耐熱容器に入れてラップをふんわりとかけて1分加熱してから加えましょう。

ズッキーニとえびのマヨネーズ焼き

オーブントースター

●材料（作りやすい分量）

ズッキーニ…１本
えび…８尾（１００g）
Ａ┌ナンプラー…小さじ1/2
　└白こしょう…少々
マヨネーズ…大さじ１
香菜（ざく切り）…少々

●作り方

①ズッキーニは縦半分に切り、種をスプーンでくり抜いてボートのような形にする。

②えびは殻をむいて背中に切り目を入れて背ワタを取り、１㎝幅に切ってＡをまぶす。

③オーブン対応の耐熱容器にズッキーニを並べ、②をのせてマヨネーズをかける。

④オーブントースターに入れ、マヨネーズに焼き色がつくまで８分ほど加熱する。取り出して香菜を散らす。

memo

マヨネーズのこんがり香ばしく焼けた風味がポイント。

用語解説

【麻辣醤】（マーラージャン）
大豆みそに花椒と唐辛子を加えた四川風辛味調味料。手に入らない場合は豆板醤と花椒を組み合わせると近いものに。「麻」は花椒の痺れるような辛味、「辣」は唐辛子の刺すような辛味を表す。

【豆板醤】（トウバンジャン）
空豆を原料にしたみそに唐辛子を加えた中国の辛味調味料。

【五香粉】（ごこうふん・ウーシャンフェン）
中国の代表的なミックススパイス。さまざまな調合があるが、桂皮（シナモン）、丁子（クローブ）、花椒（ホアジャオ）、茴香（フェンネル）、大茴香（八角、スターアニス）、陳皮（チンピ）などの粉末を混ぜて作られる。

【ナンプラー】
タイの魚醤。魚介を塩で漬け込み、発酵させた液体状の調味料。アミノ酸が多く含まれ、濃厚なうま味と独特の風味がある。ベトナムではニョクマムと呼ばれる。

【花椒】（ホワジャオ）
中国・四川料理に欠かせないスパイスで、日本の山椒よりも芳香、辛味が強く、口の中がしびれるような辛味が特徴。

【豆豉】（トウチ）
中国の発酵調味料で、強いうま味と塩分がある。日本の浜納豆や大徳寺納豆で代用しても近いが、最近は中華食材コーナーでよく見かける。

【ノンスティック加工】
料理が焦げつきにくいテフロン加工やシルバーストーン加工の調理器具。

【ゆでこぼす】
材料をゆでたあとにそのゆで汁を捨てることで、材料の下処理の一つ。肉のゆでこぼしは、食材をゆでて沸騰させ、そのゆで汁をいったん全て捨てて、新たにゆで直す。余分な脂を落とし、アク抜きや臭み抜きなどの効果がある。

【バッター液】
通常、揚げ物は衣つきをよくするために、具材に小麦粉をまぶしてから溶き卵をつけ、最後にパン粉をつけるという手間があるが、この工程を減らしてくれるのがバッター液。

【スモークパプリカパウダー】
スモークしたパプリカをパウダー状にしたスペインの調味料で、特有のスモーク風味と辛味がある。パプリカパウダーとカイエンヌペッパーを合わせたもので代用しても。

【にんにくをつぶす】
薄皮をむいて縦半分に切り、切り口を下にして木ベラや包丁の腹など平らなものを上から当てて、体重をのせてつぶす。

第3章

肉レシピ

パクチーたっぷりよだれ鶏

しっとりゆで鶏に合わせるコクのある中華ダレが決め手！

●材料（2人分）

鶏もも肉…1枚（250g）

A
- しょうが（薄切り）…1かけ分
- 長ねぎ（青いところ）…1本分

B
- 長ねぎ（みじん切り）…10cm分
- しょうが（みじん切り）…小さじ1
- にんにく（つぶす）…1かけ
- しょうゆ…大さじ1
- 鎮江香酢（または黒酢）…大さじ1
- グラニュー糖（または砂糖）…小さじ1
- 粉唐辛子…小さじ1/3
- 花椒（P.94）…小さじ1/4
- ごま油…小さじ2

C
- セロリ（千切り）…10cm分
- 万能ねぎ（小口切り）…1本分
- 香菜（ざく切り）…2株
- ピーナッツ（素揚げしてきざむ）…大さじ1

●作り方

1 鍋に水500mℓ（分量外）、Aを入れて沸騰させ、鶏肉を入れる。弱火にして5分加熱し、蓋をして火を止めて30分以上おく。

2 ボウルにBを混ぜ合わせて10分おき、にんにくだけ取り出す。

3 ①の鶏肉は食べやすく切って器に盛り、Cの薬味をのせて②のタレをかける。

memo

作り置きするときは、①の鶏肉はゆで汁ごと冷蔵庫へ。タレはかけずに、その他の具材は別に保存しておきましょう。

鶏肉とトマトのナンプラー煮

トマトの酸味とナンプラーのうま味は相性抜群。さっと煮込んだだけで満足感のある一品に！

●材料（2人分）

鶏もも肉…大1枚（300g）
オリーブ油…大さじ2
にんにく（つぶす）…1かけ
A
トマト（ざく切り）…大2個
香菜…2株
青唐辛子…2本
ナンプラー…大さじ1
グラニュー糖（または砂糖）…小さじ1
バジル（ざく切り）…3〜4枚

●作り方

1 鶏肉は10等分に切る。香菜は根をみじん切りに、茎から葉先はざく切りにする。青唐辛子は小口切りにする

2 鍋にオリーブ油、にんにく、香菜の根のみじん切りを入れて炒め、香りが立ってきたら鶏肉を皮目から入れて焼く。皮目に焼き色がついたら裏返してさっと焼き、**A**を入れて15分煮る。

3 器に盛り、バジルを散らす。

memo

ご飯や麺にかけるのもおすすめ。

鶏レバーのピリ辛酢煮

夏場のパワーチャージに！お酢の効果でクセもなくやわらかくて食べやすい！

●材料（2人分）

鶏レバー…200g

A
- 冷水…300mℓ
- 塩…小さじ2

B
- にんにく（みじん切り）…小さじ1
- しょうが（みじん切り）…小さじ1
- しょうゆ…小さじ2
- 黒酢…大さじ2
- 紹興酒…大さじ1
- 水…大さじ2
- 麻辣醤（P.94）…小さじ1

香菜（ざく切り）…適量

●作り方

1 鶏レバーは食べやすい大きさに切り、血のかたまりがあれば取り除く。Aに20分つけて取り出し、水気をきる。

2 鍋にBを入れて火にかけ、沸騰したら①を入れ、弱火で15分煮る。

3 器に盛り、香菜をのせる。

塩水につけて血抜きをする。

memo

仕上げに白髪ねぎを添えても。作り置きできるので冷たく冷やしても。ここではレバーだけで作りましたが、ハツがついていたら一緒に煮ましょう。その際、ハツは半分に切り、血のかたまりを取り除くのをお忘れなく。

夏野菜たっぷり油《ユー》淋《リン》鶏《チー》

数種の野菜を使ったタレをたっぷりかけていただく夏向き油淋鶏！

●材料（2人分）

鶏もも肉…1枚

A
- 酒・しょうゆ…各大さじ1
- こしょう…少々

片栗粉…適量

米油（またはサラダ油）…適量

B
- プチトマト（粗みじん切り）…4個
- ピーマン（みじん切り）…1個
- アーリーレッド（みじん切り）…1/8個分
- 大葉（細切り）…3枚分
- しょうが（みじん切り）…小さじ1
- にんにく（みじん切り）…少々
- しょうゆ・ごま油…各大さじ2
- 酢…大さじ1
- はちみつ…小さじ2
- マスタード…小さじ1/2

サニーレタス…適量

●作り方

1 鶏肉はAをまぶして下味をつけ、片栗粉をまぶす。

2 フライパンに米油を多めに熱し、①の皮目を下にして入れて揚げ焼きにする。5分焼いたら裏返して3分焼き、取り出して油をきる。

3 ボウルにBを入れて混ぜ合わせ、タレを作る。

4 ②は食べやすく切り分け、サニーレタスをしいた器に盛り、③のタレをかける。

memo

鶏肉は揚げ焼きにすると簡単に仕上がり、ちょっとカロリーオフにもなります。

鶏手羽とゴーヤの塩煮

手羽先はもちろん、塩味のシンプルなスープがしみたゴーヤがおいしい！

●材料（2人分）

鶏手羽先…6本
ゴーヤ…1/2本（縦半分に切ったもの）
長ねぎ（青いところ）…1本分
だし汁…2カップ
A
酒…50mℓ
塩…小さじ1と1/2
しょうが（つぶす）…1かけ

●作り方

1 ゴーヤはスプーンで種とワタを取り除き、2cm幅の半月切りにする。

2 鍋に熱湯を沸かして手羽先を入れ、いったんゆでこぼす（P.94）。

3 鍋にAを入れて火にかけ、軽く沸騰してきたら②の鶏肉を入れ、クッキングシートなどで落とし蓋をして弱火で15分煮る。

4 ゴーヤを加え、さらに1～2分煮る。

memo

骨つき肉はそれ自体からスープが出るので、味つけはあえて塩だけでシンプルに。ゴーヤは鮮やかな色をいかしたいので、時間差で加えてシャッキリ仕上げましょう。

豚バラレッドカレー焼き

レッドカレーペーストを使えばスパイシー&パンチのある味に仕上がります！

●材料（2人分）

豚バラかたまり肉…300g
さやいんげん…5本
Ａ［レッドカレーペースト（市販）…10g
　　ナンプラー…小さじ1
　　グラニュー糖（または砂糖）…小さじ1］
米油（またはサラダ油）…大さじ1
サラダ菜…3〜4枚
ミント…適量
レモン（くし切り）…2切れ

●作り方

1 豚肉は7〜8㎜幅に切る。さやいんげんは手で半分に折る。レッドカレーペーストは、ぬるま湯小さじ2を加えて溶いておく。

2 ボウルにＡを入れて混ぜ合わせ、①の肉、さやいんげんを加えてもみ込む。

3 フライパンに米油を熱して②を入れて焼き、焦げ目がつくくらいに焼き上げる。サラダ菜をしいた器に盛り、ミント、レモンを添える。

memo

残ったレッドカレーペーストは冷凍庫で保存しましょう。野菜は玉ねぎ、ピーマン、にんじん、なすなど何でも合うので、冷蔵庫の野菜を総動員して。

カロリー控えめ酢豚風

豚肉は揚げ焼きに、野菜の油通しは湯通しに変更してカロリーオフ！

●材料（2人分）

豚ももかたまり肉…150g
A┌酒…小さじ1
　│ナンプラー…小さじ2
　└しょうが（すりおろし）…1/4かけ分
片栗粉…小さじ2
B┌熱湯…3カップ
　│オリーブ油…大さじ1
　└塩…小さじ1
にんじん（薄めの乱切り）…5cm分
玉ねぎ（2cm角）…1/2個
ピーマン（2cm角）…2個
たけのこ（2cm角）…50g
オリーブ油…小さじ2+小さじ1
C┌きび砂糖（または砂糖）・しょうゆ
　│　…各大さじ1
　│酢…大さじ1と1/2
　└トマトケチャップ…大さじ1

●作り方

1 豚肉は1cm厚さに切ってから2cm角に切り、Aで下味をつけて片栗粉をまぶす。

2 鍋にBを入れて沸騰させ、にんじんを入れる。1分たったら玉ねぎ、ピーマン、たけのこも加えてさらに1分ゆで、ザルに上げる。

3 ノンスティック加工（P.94）のフライパンにオリーブ油小さじ2を熱し、①を重ならないように入れて両面を焼く。肉に火が通ったらペーパータオルの上に取り出して油をきる。

4 ③のフライパンを拭き、オリーブ油小さじ1を足して熱し、②の野菜を炒める。③の豚肉も戻して炒めてCを加え、とろみがついて具材にからむように炒める。器に盛り、好みで粗びき黒こしょう（分量外）をふる。

スペアリブの豆豉蒸し

骨つき豚バラ肉を発酵調味料で味つけして蒸し上げたコク深い味わい！

●材料（2人分）

豚スペアリブ…400g
A 豆豉（P.94・粗みじん切り）…大さじ1
にんにく（みじん切り）…小さじ1
長ねぎ（みじん切り）…10cm分
赤唐辛子（種を取り小口切り）…2本
紹興酒…大さじ1
しょうゆ・ごま油…各小さじ1
五香粉（P.94）…小さじ1/4
片栗粉・香菜…各適量

●作り方

1 スペアリブは骨と肉の間に包丁を入れ、両端を切り離さないよう注意して切り目を入れておく（a）。鍋にたっぷりの湯（分量外）を沸かし、スペアリブを入れてゆでこぼし（P.94）、水気を拭く。

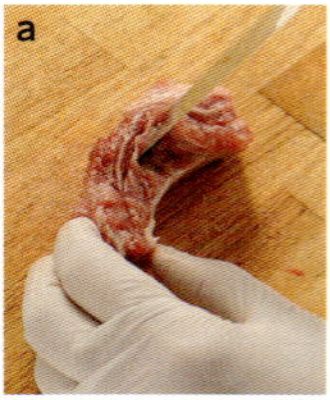

2 密閉できる保存袋にAを入れて混ぜ合わせ、①を入れて30分以上漬け込む（冷蔵庫に一晩おいてもよい）。

3 ②の肉は袋から取り出して片栗粉をたっぷりまぶし、蒸し器に入る大きさの皿にクッキングシートをしいた上に並べる。

4 蒸気の上がった蒸し器に③を入れ、強火で30分蒸す。器に盛り、香菜をのせる。

memo

スペアリブは小ぶりのものがおすすめ。大きいものはお店に頼んで切ってもらいましょう。骨と肉の間を切り離しておくと味がよくしみ込み、食べやすくなります。

牛肉チャプチェ

春雨に牛肉と野菜のうま味がしみ込んだごま油香る韓国風炒め物！

●材料（2人分）

牛切り落とし肉…100g
韓国春雨（または春雨）…25g
A［酒・しょうゆ・みりん…各小さじ1］
米油（またはサラダ油）…小さじ2＋小さじ2
B［にんじん（5㎝長さの短冊切り）…40g
玉ねぎ（繊維に沿って薄切り）…1/4個分
黄パプリカ（細切り）…1/4個分
ニラ（3㎝長さに切る）…1/2束］
C［酒…小さじ2
きび砂糖（または砂糖）…小さじ1
しょうゆ…大さじ1
ごま油…小さじ2］
白ごま（切りごま）…小さじ1

memo
韓国春雨は、さつまいものでんぷんを主原料に太くてモチモチしているのが特徴。なければ緑豆春雨で代用して。

●作り方

1 牛肉はAをもみ込んで下味をつけておく。春雨は熱湯（分量外）で5分ゆでて火を止めてそのまま3分おき、ザルに上げて水気をきり、食べやすい長さにキッチンバサミで切る。

2 フライパンに米油小さじ2を熱し、①の牛肉を入れてほぐしながら炒める。全体に色が変わったらいったん取り出す。

3 ②のフライパンに米油小さじ2を足し、Bを入れて炒める。具に火が通ったら春雨を加え、全体を混ぜたらCを加えて炒める。

4 牛肉を戻し入れ、全体を混ぜたらごま油を加えて火を止める。器に盛り、白ごまをふる。

夏野菜のピリ辛しゃぶしゃぶ

牛肉と野菜を酸味の効いた大根おろしで和えた冷たい一品！

●材料（2人分）

牛肩ロース薄切り肉（しゃぶしゃぶ用）…150g
ズッキーニ（薄切り）…1/2本
にんじん（スライサーで薄切り）…1/4本
オクラ（ガクを取る）…2本
万能ねぎ（小口切り）…1/2本
A
大根おろし（水気をきる）…5cm分
白だし…大さじ1と1/2
酢・みりん…各小さじ1
七味唐辛子…適量

●作り方

1 鍋に湯（分量外）を沸かし、ズッキーニ、にんじんを入れて軽くゆで、水気をきる。同じ鍋に牛肉を入れ、色が変わる程度にさっとゆでてザルに上げる。オクラは下ゆでして小口切りにする。

2 ボウルにAを入れて混ぜ合わせ、①が冷めたらオクラ、万能ねぎとともに加えて和える。

3 器に盛り、七味唐辛子をふる。

memo
大根おろしはあらかじめ味をつけておくと色も変わらず、風味も落ちません。具材に入っているオクラのとろみが全体のまとめ役です。

エスニック水餃子

ゆでて透き通った皮は見た目も美しくて涼やか。つるんつるんとのどごしのいい水餃子！

●材料（16個分）

餃子の皮…16枚

A
- 豚ひき肉…50g
- えび（バナメイエビ）…3尾
- 香菜…1株
- 玉ねぎ（みじん切り）…1/8個分
- にんにく（みじん切り）…小さじ1/2
- ナンプラー…小さじ2
- 白こしょう…少々

B
- ナンプラー・グラニュー糖（または砂糖）…各適量
- レモン（くし切り）…適量

memo

この包み方は中国の帽子の形と言われています。一口で食べやすいので水餃子におすすめですが、普通の餃子の包み方でもOK。タレは好みで加減して。

●作り方

1 えびは殻をむいて背中に切り目を入れて背ワタを取り、きれいに洗って粗みじん切りにする。香菜は根をみじん切り、茎と葉は1cm幅に切る。

2 ボウルにAを入れ、しっかりと混ぜ合わせて16等分する。

3 餃子を包む。皮の真ん中に具をおき、周囲に水をつけて（a）半分に折ってしっかりとくっつける（b）。手前に直線が来るように平らに持ち、端と端に水をつけてくっつける（c）。

4 鍋に湯（分量外）を沸かし、③を入れて3分ゆでる。器にゆで汁ごと盛り、好みでBのタレを添える。

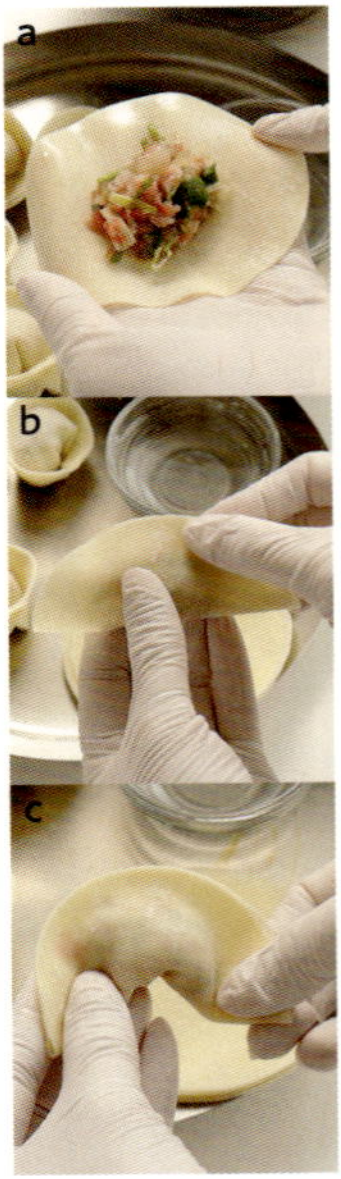

厚揚げとひき肉の炒め物

身近な材料でさっと作れる！おつまみにも、ご飯のおかずにも、お弁当にも！

●材料（2人分）

厚揚げ（絹）…1枚
合いびき肉…100g
酒…大さじ1
A きび砂糖（または砂糖）・しょうゆ…各小さじ1
酢・みそ…各小さじ2
しょうが（みじん切り）…小さじ1
長ねぎ（斜め薄切り）…1/2本分
粉山椒…少々

●作り方

1 厚揚げは8等分に切る。
2 ボウルにAを入れ、練らないようにざっくりと混ぜておく。
3 フライパンに②を入れてから火にかけ、ほぐしながら炒める。パラパラになったら長ねぎを加え、しんなりしたら厚揚げを加えて炒め合わせる。
4 粉山椒を加えてすぐに火を止め、器に盛る。

memo

ピリ辛味にしたいときは赤唐辛子を加えたり、麻辣醤（P.94）を足したりしてアレンジを。作り置きの肉味噌（P.40・43）で作ってもおいしいです。

バインミー4種

新しいのにどこかなつかしい味のベトナムのファストフード、バインミー。はさむ具材はいろいろですが、バターとレバーペースト、なますは欠かせません。レバーペーストは市販のものでも大丈夫ですし、簡単にレンジで作っても。なかなか本格的な味になりますよ。この3つがあればあとはお好みでいろいろな食材をはさんでみて。

えびミンチ
バインミー
P.124

コンビーフ
バインミー
P.124

鶏肉・アボカド・
マヨネーズ
バインミー
P.124

牛しゃぶ
バインミー
P.124

バインミーの具材いろいろ

基本の具材を中心に
好みでパンにはさんでいただきましょう!

基本の具材

大根とにんじんのなます

●材料（作りやすい分量）

A
- [甘酢]
- ナンプラー…小さじ2
- レモン汁…小さじ1
- はちみつ…小さじ1/2

大根（スライサーで千切り）…3cm分
にんじん（スライサーで千切り）…1/2本分
塩…少々

❶ボウルにAを入れて混ぜ合わせ、甘酢を作る。❷大根、にんじんはそれぞれ塩をふり、しばらくおいてしんなりしたら水気を絞り、混ぜ合わせる。❸①の甘酢に入れて全体を混ぜる。

レンジでレバーペースト

●材料（作りやすい分量）

鶏レバー…200g

A
- 冷水…300mℓ
- 塩…小さじ2

B
- 玉ねぎ（みじん切り）…1/8個
- しょうが（みじん切り）…小さじ1
- オリーブ油…小さじ2
- バター…15g
- 粗びき黒こしょう…少々

❶レバーは食べやすい大きさに切り、血のかたまりがあれば取り除き、Aに20分つけて取り出し、水気をきる。❷耐熱ボウルに①、Bを入れて混ぜ、ラップをふんわりとかける。電子レンジで2分30秒加熱し、いったん取り出して全体を混ぜ、再度ラップをふんわりとかけて1分加熱する。❸②をフードプロセッサーに入れ、バターを加えてなめらかになるまで撹拌する。

きゅうりのなます

●材料（作りやすい分量）

きゅうり（千切り）… 1本
塩…少々
ディル（みじん切り）… 1枝分
甘酢（P.122）…全量

❶きゅうりは塩をふり、しばらくおいてしんなりしたら水気を絞り、ディルを加えて甘酢をかけ、混ぜ合わせる。

えびミンチ

●材料（作りやすい分量）

えび… 4尾
酒…小さじ1
ナンプラー…小さじ1/2

❶えびは殻をむいて背ワタを取り、粗くきざんで酒をかけてなじませる。
❷フライパンを熱してえびを入れ、火が通ってパラパラになったらナンプラーで調味する。

牛しゃぶ

●材料（作りやすい分量）

牛薄切り肉（しゃぶしゃぶ用）
…25g
ナンプラー…少々

❶鍋に湯を沸かし、牛肉をさっとゆでてザルに上げ、水気をきってナンプラーで和える。

紫キャベツのなます

●材料（作りやすい分量）

紫キャベツ（千切り）… 1枚
塩…少々
甘酢（P.122）… 1/2量

❶紫キャベツは塩をふり、しばらくおいてしんなりしたら水気を絞り、甘酢をかけて混ぜ合わせる。

アーリーレッドのなます

●材料（作りやすい分量）

アーリーレッド（薄切り）
…1/4個
塩…少々
甘酢（P.122）… 1/2量

❶アーリーレッドは塩をふり、しばらくおいてしんなりしたら水気を絞り、甘酢をかけて混ぜ合わせる。

P.121

鶏肉・アボカド・マヨネーズ バインミー

●材料（1人分）

フランスパン…小1本
バター…小さじ1
レバーペースト(P.122)…大さじ1
大根とにんじんのなます (P.122)
　…適量
アボカド (薄切り) …1/4個
レンジサラダチキン (P.82) …30g
A ┌マヨネーズ…小さじ2
　└オイスターソース…小さじ1/2

パンに切り込みを入れ、材料を上から順にはさみ、混ぜておいたAをかける。

P.120

えびミンチ バインミー

●材料（1人分）

フランスパン…小1本
バター…小さじ1
レバーペースト(P.122)…大さじ1
大根とにんじんのなます (P.122)
　…適量
アーリーレッドのなます (P.123)
　…適量
えびミンチ (P.123) …1/2量
カシューナッツ(素揚げしてきざむ)
　…適量
香菜…適量

パンに切り込みを入れ、材料を上から順にはさむ。

P.121

牛しゃぶ バインミー

●材料（1人分）

フランスパン…小1本
バター…小さじ1
レバーペースト(P.122)…大さじ1
大根とにんじんのなます (P.122)
　…適量
紫キャベツのなます(P.123)…適量
牛しゃぶ (P.123) …全量
ディル…適量

パンに切り込みを入れ、材料を上から順にはさむ。

P.120

コンビーフ バインミー

●材料（1人分）

フランスパン…小1本
バター…小さじ1
レバーペースト(P.122)…大さじ1
大根とにんじんのなます (P.122)
　…適量
きゅうりのなます(P.123)…適量
コンビーフ…40g

パンに切り込みを入れ、材料を上から順にはさむ。

第4章

夏野菜の副菜

ゆかりを使って簡単浅漬け

ほんのりピンク色に染まった野菜が食卓に彩りを添えてくれます！

●材料（2人分）

かぶ…1個
きゅうり…1本
セロリ…太いところ10㎝
ゆかり…小さじ1

●作り方

1 かぶは茎を1㎝残して葉を切り、皮をむいて16等分のくし切りにする。きゅうりは皮を縞目にむき、縦に4つ割りにして5㎝長さに切る。セロリは筋を取り、長さを半分にしてから1㎝幅に切る。

2 ビニール袋(食品対応のもの)に①、ゆかりを入れ、袋の上からもみ込み、口をしばって15分おく。

ゴーヤナムル

色鮮やかにゆでたゴーヤをごま風味で味わい深く仕上げました！

●材料（2人分）

ゴーヤ…1本
塩…少々
A
しょうゆ…小さじ2
塩…少々
にんにく（すりおろし）…少々
白ごま（切りごま）…小さじ4
ごま油…小さじ4

●作り方

1 ゴーヤは縦半分に切り、スプーンなどで種とワタを取って1cm幅の半月切りにする。
2 鍋に湯（分量外）を沸かして塩を加え、①を入れて1分ゆで、ザルに上げる。
3 ボウルにAを入れて混ぜ合わせ、②のゴーヤが熱いうちに入れて和え、最後にごま油を加えて混ぜる。

memo
ゆでたゴーヤは熱いうちに調味料を加えることで味のなじみがよくなります。

焼きピーマンごま酢マリネ

練りごまのコクがピーマンの個性とバッチリ！

●材料（2人分）

ピーマン…4個

A
- 練りごま…大さじ1
- 白だし…小さじ1
- みりん…小さじ1
- 酢…小さじ1/2

粉山椒…少々

●作り方

1 ピーマンは竹串で2〜3か所に穴を開け、魚焼きグリルで丸のまま焼く。途中で裏返して両面焼き色がついたら取り出し、ヘタと種を取り除き、食べやすい大きさに切る。

2 ボウルにAを入れて混ぜ合わせ、①と和える。

memo

ピーマンに穴をあけると破裂防止になります。丸ごと焼くことでおいしさもアップ。

ベトナムサラダマリネ

ベトナム料理でおなじみのにんじんのなますをアレンジ！

●材料（2人分）

にんじん…1本
大根…5cm
塩…小さじ1
A 酢…大さじ1
ナンプラー…小さじ1
グラニュー糖（または砂糖）…小さじ1
赤唐辛子（みじん切り）…1/2本
ミント…適量
カシューナッツ…20g

●作り方

1 にんじん、大根はスライサーで千切りにする。カシューナッツは素揚げしてから細かくきざむ。

2 ボウルににんじん、大根を入れて塩をまぶし、しんなりしたら水気を絞る。

3 別のボウルにAを入れ、混ぜ合わせて甘酢を作り、②を加えて和える。器に盛り、ミントを添えてカシューナッツを散らす。

パプリカクミンマリネ

夏バテに効くビタミン豊富なパプリカ。鮮やかなレッドカラーは見ているだけで元気になります！

●材料（2人分）

赤パプリカ…1個
A
クミン（粒）…小さじ2
白ワインビネガー…小さじ1
オリーブ油…小さじ2
はちみつ…小さじ1
塩…小さじ1/4
ピンクペッパー（またはこしょう）…少々

●作り方

1 パプリカは丸ごと直火に当て、表面の皮全体が黒く焦げるまで焼く。冷めるまで紙袋に入れて蒸らす。クミンはフライパンで空炒りする。

2 ①のパプリカは、ボウルの上で薄皮と種を取り、中から出てきた焼き汁はボウルで受ける。焼き汁は濾して種などを取り除き、取っておく。実は3cm幅に切る。

3 ボウルにA、パプリカから出た焼き汁を入れて混ぜ、②の実を加えて和える。器に盛り、ピンクペッパーをふる。

memo
パプリカは、220℃に予熱したオーブンで20分焼いてもOK。黄色やオレンジなど、他の色のパプリカでも。

焼きなすのエスニックマリネ

なすには体を冷やす効果が。熱々でも冷たく冷やしてもおいしい！

●材料（2人分）

なす…4本

A
にんにく（つぶす）…1かけ
青唐辛子（小口切り）…1本
ナンプラー…大さじ1
レモン汁…小さじ2
グラニュー糖（または砂糖）…小さじ1

ディル（ざく切り）…1枝
ピーナッツ（素揚げしてきざむ）…少々

memo
なすは切り目を入れておかないと、グリルの中で爆発するので要注意。両面焼きグリルの場合は返さずに7〜8分焼けばOK。

●作り方

1 なすはガクを取り、全体に浅い切り目を縦に4〜5本入れる。予熱した魚焼きグリルで7〜8分焼き、裏返して7〜8分焼く（片面焼きグリルの場合）。全体にこんがり焼き色がついたら熱いうちに竹串などを使って皮をむき、さらに竹串で食べやすい大きさに割いて器に盛る。

2 ボウルにAを入れ、混ぜ合わせて10分おく。にんにく、青唐辛子を取り出して①にかけ、ディル、ピーナッツを散らす。

グリーンアスパラの卵ソース

マヨネーズだけでもおいしいアスパラを卵でボリュームアップ！

●材料（2人分）

グリーンアスパラガス…7〜8本

ゆで卵（粗みじん切り）…1個

A
- マヨネーズ…大さじ1
- レモン汁…小さじ1
- マスタード…小さじ1/2

ディル…1枝

レモンの皮（無農薬）…1/4個分

●作り方

1 グリーンアスパラは根元の固い部分を切り落とし、下半分の皮をピーラーでむく。鍋に湯（分量外）を沸かして塩少々を入れ、グリーンアスパラを加えて好みの固さに下ゆでし、ザルに上げて冷ます。

2 ボウルにAを入れ、混ぜ合わせる。

3 器に①を盛り、②をかけてディルを散らし、レモンの皮をすりおろす。

キャベツとひき肉のサブジ風

スパイシーな香りが食欲をそそる炒め物！

●材料（2人分）

豚ひき肉…150g
塩…小さじ1/4
キャベツ…大2枚
A ┌オリーブ油…大さじ1と1/2
　 にんにく（すりおろし）…小さじ1/2
　└クミン（粒）…小さじ2
ガラムマサラ…小さじ1/4

●作り方

1 ひき肉は塩を混ぜておく。キャベツは5㎝角に切る。
2 鍋に湯（分量外）を沸かしてキャベツを入れ、さっとゆでてザルに上げる。
3 フライパンにAを入れて火にかけ、香りが立ってきたら①のひき肉を加えて炒める。パラパラになったら②のキャベツを加え、ガラムマサラを加えて炒め合わせる。

memo

ガラムマサラは香りをいかすよう仕上げに加えてさっと加熱するのがコツ。ない場合はカレー粉でもOK。

夏野菜とツナのマリネ

ツナと夏野菜を合わせたボリュームある一品！

●材料（2人分）

ツナ缶（ブロックタイプ）
……1缶（固形量55g）

A
ゴーヤ（半月切り）…10cm
オクラ（ガクを取る）…3本
ヤングコーン…5本

水なす（またはなす・薄切り）…1個
アーリーレッド（薄切り）…1/4個

B
バルサミコ酢…大さじ2
グラニュー糖（または砂糖）…小さじ1
塩…小さじ1/2
にんにく（つぶす）…1かけ
ケイパー塩漬け…小さじ1
オレガノ（あれば）…少々

塩・こしょう…各少々
オリーブ油…大さじ1

●作り方

1 ケイパーは水にさらし、塩抜きしてから細かくきざむ。

2 鍋に湯（分量外）を沸かし、Aを入れて下ゆでする。ゴーヤはザルに上げて水気をきり、オクラ、ヤングコーンは縦半分に切る。

3 ボウルにBを入れて混ぜ合わせ、ツナ缶、②を入れて和え、塩、こしょうで味をととのえる。最後にオリーブ油を混ぜる。食べるときににんにくは取り出す。

夏の香味野菜と豚肉の和風マリネ

歯ざわりもおいしい香味野菜にみそ風味の豚肉をトッピング!

●材料(2人分)

豚ロース薄切り肉(しゃぶしゃぶ用)
…100g

A
白みそ…小さじ2
きび砂糖(または砂糖)…小さじ1
酢…小さじ1
白だし…小さじ1/2
練りがらし…小さじ1/4

B
万能ねぎ(斜め薄切り)…1本
大葉(手でちぎる)…3枚
みょうが(千切り)…1/2個
貝割れ大根(半分に切る)
…1/2パック
しょうが(千切り)…1/2かけ分
みつば(3cm長さに切る)
…1/4束
にんじん(5cm長さの千切り)
…少々

白ごま(切りごま)…小さじ2

●作り方

1 鍋に湯(分量外)を沸かし、豚肉をさっとゆでてザルに上げる。

2 ボウルにAを入れて混ぜ合わせ、①を加えてからめる。

3 別のボウルにBを入れ、ふんわりと混ぜ合わせて器に盛り、②をのせる。

第5章

魚介レシピ

あじの香草パン粉焼き

初夏から夏に旬を迎えるあじは夏が一番おいしい！イタリアン仕立てで冷えた白ワインとの相性も◎！

●材料（2人分）

あじ（3枚おろし）…4枚（2尾分）
塩・こしょう…各少々

A
溶き卵…1/2個分
水…小さじ1
薄力粉…20g

B
パン粉…大さじ3
パルミジャーノチーズ（すりおろし）…大さじ2
パセリ（みじん切り）…小さじ2
タイム（葉のみ）…3枝
ディル（みじん切り）…1枝
にんにく（みじん切り）…少々
塩・こしょう…各少々

オリーブ油…大さじ2

●作り方

1 あじは塩、こしょうをふって下味をつける。A（バッター液・P.94）、B（香草パン粉）は、それぞれ別のボウルで混ぜ合わせておく。

2 あじの両面にA（バッター液）をぬり、B（香草パン粉）をたっぷりまぶしつける（a）。

3 フライパンにオリーブ油を熱し、②を入れて両面をこんがりと焼く。

memo

フライの衣はバッター液が便利。道具も手間も少なく済むし、衣もはがれにくいという利点も。

a

えび春雨

さまざまな食材と相性のよい春雨。素材のうま味をたっぷりと吸い込んであと引くおいしさ！

●材料（2人分）

えび（バナメイエビ）…6尾
緑豆春雨…50g
米油（またはサラダ油）…小さじ2
にんにく（みじん切り）…小さじ1
しょうが（みじん切り）…小さじ1/2
豚ひき肉…50g
A
水…50㎖
オイスターソース…大さじ1
ナンプラー…小さじ2
グラニュー糖（または砂糖）…小さじ1
万能ねぎ（3㎝長さに切る）…1本分
粗びき黒こしょう…少々

●作り方

1 えびは尾を残して殻をむき、背中に切り目を入れて背ワタを取る。

2 春雨は沸騰した湯（分量外）で3分ゆでてザルに上げ、キッチンバサミで食べやすい長さに切る。Aは混ぜておく。

3 鍋に米油を熱し、えびの両面を焼いていったん取り出す。同じ鍋ににんにく、しょうがを入れて炒め、香りが立ってきたらひき肉を加えて炒める。

4 ひき肉がパラパラになったら②を加えて炒め、全体が混ざったら③のえびを戻して、A、万能ねぎを加え5分煮る。器に盛り、黒こしょうをふる。

いかとセロリのナンプラー炒め

いかをおいしく仕上げるコツは炒めすぎないこと！ささっと仕上げて食感を楽しみましょう！

●材料（2人分）

いか…1ぱい
セロリ…小1本
米油（またはサラダ油）…小さじ2
にんにく（つぶす）…1かけ
ナンプラー…大さじ1/2
花椒（P.94）…少々

●作り方

1 いかはワタと軟骨を取り、食べやすい大きさに切る。セロリは筋を取り、茎は7〜8㎜幅、葉はざく切りにする。

2 フライパンに米油、にんにくを入れて火にかけ、香りが立ってきたらセロリを加えて炒める。色が鮮やかになったらいかを加え、ひと混ぜする。

3 全体が混ざったらナンプラーを鍋肌から回し入れ、全体をさっと炒め合わせる。器に盛り、花椒をふる。

memo

いかは手に入るものならなんでもOK。炒め物にナンプラーを使うときは、鍋肌に当たるように端から回し入れると香ばしく、食欲をそそる香りに仕上がります。

さけと焼きトマトのナンプラー風味

バターとナンプラーの香りがこんなに合うなんて！ 焼きトマトをソース代わりにして食べてみて！

●材料（2人分）

生ざけの切り身（半分に切る）…2切れ
プチトマト（半分に切る）…1パック
オリーブ油…小さじ2
塩…少々
薄力粉…適量
バター…10g
ナンプラー…小さじ1

●作り方

1 フライパンにオリーブ油をひき、プチトマトの切り口を下にして並べてから強火にかける。片面だけを焼いたら塩をふり、器に盛る。

2 さけの表面に薄力粉を薄くまぶし、余分な粉ははたく。

3 ①のフライパンをきれいに拭いてバターを溶かし、②のさけを入れて両面を焼く。火が通ったらナンプラーを回しかけ、裏返しながら全体にからめて①の器に盛る。

いわしのつみれ揚げエスニック風

香菜の甘い香りとナンプラーの風味が魚のクセを和らげます。揚げたてにレモンをギュッと絞ってどうぞ！

●材料（2人分）

いわし（3枚おろし）…6枚（3尾分）

A
- 香菜（みじん切り）…1株
- にんにく（みじん切り）…小さじ1/2
- ナンプラー…小さじ1
- グラニュー糖（または砂糖）…小さじ1
- 片栗粉…小さじ2
- 粗びき黒こしょう…適量

揚げ油…適量
カットレモン…適量
香菜（ざく切り）…適量

●作り方

1 いわしは細かく切ってから包丁でたたく。ボウルに入れてAを加え、よく混ぜ合わせる。黒こしょうは好みでたっぷり入れても。

2 揚げ油を170℃に熱し、①をスプーンで丸めながら入れて、それぞれ3～4分ずつ揚げ、油をきる。

3 器に盛り、レモン、香菜を添える。

スパイシーアクアパッツァ

材料を鍋に入れて火にかけるだけ！とっても簡単に魚介たっぷりのごちそうが作れます！

●材料（2人分）

鯛の切り身…2切れ
いか（胴のみ2cm幅に切る）…1ぱい
あさり…4個
プチトマト（半分に切る）…6個
青唐辛子（縦半分に切る）…1本
にんにく（つぶす）…1かけ
ナンプラー…大さじ1/2
ディル…1〜2枝

●作り方

1 鍋にディル以外の材料をすべて入れ（a）、水150mℓ（分量外）を加えて火にかける。
2 沸騰したらアクを取り、蓋をして10分煮る。
3 仕上げにディルをのせる。

memo
数種類の魚介を入れて調理するのが理想ですが、むずかしいときは切り身魚の他にあさりだけでも大丈夫です。

STAUB
STAUB

夏野菜とたこの青じそ炒め

バター×しょうゆ×大葉のおいしい組合せ。素材の香りをいかすようにさっと炒めましょう！

●材料（2人分）

ゆでだこの足…2本
水なす（またはなす）…2個
大葉（千切り）…4枚
バター…10g
しょうゆ…小さじ1
白こしょう…少々

●作り方

1 たこ、水なすは乱切りにする。
2 フライパンを熱してバターを溶かし、たこ、水なす、大葉を入れて炒める。
3 なすがしんなりしたらしょうゆ、白こしょうを加え、さっと炒める。

memo

普通のなすで作る場合は、最初になすを炒めて火を通し、そのあとに他の材料を加えましょう。

あさりの卵焼き台湾風

台湾の定食屋さんで出てくる卵焼きをアレンジしてあさりをプラス。焼き加減はしっかりめに！

●材料（2人分）

卵…3個

A
- 酒…小さじ2
- しょうゆ…小さじ1
- 白こしょう…少々

万能ねぎ（2cm長さに切る）…2本
ごま油…小さじ2＋大さじ1
あさり（むき身）…50g
たくあん（みじん切り）…20g

●作り方

1 ボウルに卵を割り入れてよく混ぜ、Aを加えて混ぜ合わせる。

2 フライパンにごま油小さじ2を熱し、あさり、たくあんを入れて炒める。あさりに火が通ったら①に加え、混ぜ合わせる。

3 ②のフライパンを軽く拭き、ごま油大さじ1を足す。軽く煙が上がるくらいにフライパンを熱したら②を流し入れる。

4 木べらなどで全体を大きく混ぜ（a）、底がきれいに焼けたら裏返して両面を焼く。

memo
あさりのむき身がなければ、殻つきあさりを酒蒸しにして身だけを取り出して使っても。

a

えびとれんこんの揚げワンタン

カリカリサクッと軽い食べ心地。冷めてもおいしいので持ち寄りパーティーにもおすすめ！

●材料（15個分）

えび（バナメイエビ）…3尾（正味60g）
れんこん（粗みじん切り）…20g
A
にんにく（みじん切り）…小さじ1/4
しょうが（みじん切り）…少々
ナンプラー…小さじ1/4
白こしょう…少々
ワンタンの皮…15枚
揚げ油…適量
野菜・ハーブ…各適量
ライム（くし切り）…適量
スイートチリソース…適量

●作り方

1 えびは殻をむき、背中に切り目を入れて背ワタを取り、粗くきざむ。ボウルに入れてAを加え、よく混ぜ合わせてから15等分にする。

2 ワンタンの皮に①を等分にしてのせ、対角線で折る。このときぴったり三角形にしないで頂点を少しずらして重ねる。そのまま左右からひだを寄せ、きんちゃく型に包む。

3 揚げ油を180℃に熱し、②を入れてきつね色になるまで揚げ、油を切る。

4 野菜、ハーブを盛った器に盛り、ライム、スイートチリソースを添える。

memo

野菜・ハーブは、サラダ菜、ミント、ディル、バジル、香菜など。好みでライムを絞ったり、ハーブと野菜で巻きながらどうぞ。

いかのトマト煮

ケイパーとオレガノの清涼感がいかの甘味を引き立てます。バゲットを添えたり、パスタソースにしても！

●材料（2人分）

いか…1ぱい
ケイパー(塩漬け)…10粒
にんにく(つぶす)…1かけ
オリーブ油…大さじ1＋大さじ1
玉ねぎ(みじん切り)…1/8個
セロリ(みじん切り)…1/3本
白ワイン…大さじ2
トマト水煮缶(ホール)…1/2缶
オレガノ…少々
塩・こしょう…各少々

●作り方

1 いかはワタと軟骨を取り、2〜3cm幅に切る。ケイパーは水につけて塩抜きして、粗くきざむ。

2 鍋ににんにく、オリーブ油大さじ1を入れて火にかけ、香りが立ってきたら玉ねぎ、セロリ、塩ひとつまみ(分量外)を加えて炒める。

3 野菜がしんなりしたらいかを加えて炒め、色が変わったら白ワインを加え、火を強めてアルコール分を飛ばす。

4 ケイパー、トマト缶、オレガノ、オリーブ油大さじ1を加え、中火で10分煮て、塩、こしょうで味をととのえる。

memo

いかの代わりにたこでもお試しください。

あじのごま竜田揚げ

ごまの香りが香ばしい竜田揚げはちょっとつまむのにピッタリ！片栗粉をたっぷりまぶすのがポイント！

●材料（2人分）

あじ（3枚おろし）…4枚（2尾分）
A
酒…小さじ1
しょうゆ…小さじ2
白ごま（切りごま）…小さじ1
にんにく（すりおろし）…少々
片栗粉…適量
揚げ油…適量

●作り方

1 あじは1枚を3つに切ってボウルに入れ、Aをまぶして10分おいて下味をつける。

2 ①は汁気を軽く切り、ビニール袋に入れる。片栗粉を加えて、全体をふり混ぜて片栗粉をまんべんなくつける（a）。

3 揚げ油を170℃に熱し、油の量によって②を数回に分けて3〜4分ずつ揚げて、油を切る。

memo
ごまは好みで黒ごまを使っても。白黒ミックスしてもいいでしょう。

a
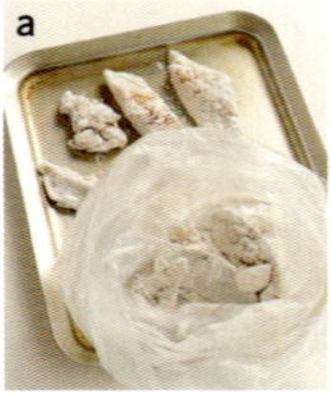

さばの甘酢あんかけ

野菜たっぷりの甘酢あんでボリューム満点！さばは油で揚げないからとってもヘルシー！

●材料（2人分）

さばの切り身…2切れ（半身）

A 酒・しょうゆ…各小さじ2
しょうがの絞り汁…1かけ分

片栗粉…適量
米油（またはサラダ油）…大さじ1
ごま油…小さじ2
しょうが（みじん切り）…小さじ1/2

B にんじん（細切り）…30g
長ねぎ（細切り）…8cm分
ピーマン（細切り）…1個

C 酒・きび砂糖…各大さじ1/2
塩…少々
酢…小さじ2強
しょうゆ…大さじ1
みりん…大さじ1/2
片栗粉…小さじ1
水…75㎖

memo

さばの他、たらやカレイでも。C（甘酢の材料）は片栗粉が沈むので、直前によくかき混ぜて加えましょう。

●作り方

1 さばは大きめの一口大に切り、ボウルに入れてAをまぶし、10分おいて下味をつける。出た水分は拭き取り、片栗粉をまぶす。

2 フライパンに米油を熱し、①を入れて両面を焼いたら取り出し、器に盛る。

3 甘酢あんを作る。②のフライパンをきれい拭き、ごま油、しょうがを入れて火にかけ、香りが立ってきたらBを加えて炒める。野菜がしんなりしたら混ぜておいたCを加え、混ぜながらとろみをつけて、②にかける。

夏においしい冷奴

夏にこそ食べたい冷奴のおすすめバリエーション。絹ごし豆腐、木綿豆腐、寄せ豆腐などで試してみて。レシピは豆腐1/2丁分に合わせる量なので、好みで加減しましょう。

作り方はP.164~165

ピリ辛じゃこねぎ奴

しらすはパラリとするまで電子レンジにかけると生ぐささが取れます。

ピータン、ピーナッツ、パクチー奴

うずらピータンは量がちょうどいいので便利な材料。輸入食材店などで売ってます。

アボカドとサーモンのしそ風味奴

和っぽい組み合わせですが、オリーブ油の香りで洋風に変身するから不思議。

モロヘイヤ奴

栄養価の高いモロヘイヤの独特のとろみが豆腐にからむとおいしい。

ピリ辛じゃこねぎ奴

●材料（1人分）

豆腐…1/2丁
しらす…20g
長ねぎ（みじん切り）…少々
白ごま・粉山椒…各少々
しょうゆ…適量

●作り方

① 耐熱皿にクッキングシートをしいてしらすを薄くおき、電子レンジで1分加熱し、取り出して粗熱が取れたらほぐしておく。
② ボウルに①、長ねぎ、白ごま、粉山椒を入れて混ぜ合わせる。
③ 器に豆腐を盛り、②をのせてしょうゆをかける。

ピータン、ピーナッツ、パクチー奴

●材料（1人分）

豆腐…1/2丁
うずらピータン…2個
ピーナッツ…適量
香菜（ざく切り）…適量
ナンプラー…少々
ごま油…少々

●作り方

① うずらピータンは6〜8個に切る。ピーナッツは素揚げしてきざむ。
② 器に豆腐を盛り、①、香菜をのせ、ナンプラー、ごま油をかける。

*うずらピータンがなければ、普通のピータン1個でも。

アボカドとサーモンのしそ風味奴

●材料（1人分）

豆腐…1/2丁
アボカド…1/4個
サーモンの切り身（刺身用）…3切れ
大葉（千切り）…3枚
「A」ゆず胡椒…小さじ1/4
　　オリーブ油…小さじ1

●作り方

① アボカドは1cm角に切り、サーモンは1cm角に切る。
② ボウルに①、大葉を入れてAで和え、器に盛った豆腐にのせる。

モロヘイヤ奴

●材料（1人分）

豆腐…1/2丁
モロヘイヤ…6本
「A」白だし…小さじ1/2
　　水…小さじ1
七味唐辛子…少々

●作り方

① 鍋に湯を沸かしてモロヘイヤを入れ、さっとゆでて冷水に取り、ザルに上げて水気をきる。包丁で細かくきざむ。
② ボウルに①を入れ、Aを加えて混ぜる。器に盛った豆腐にのせ、七味唐辛子をふる。

鶏むね肉と夏野菜のカレーソテー

●材料（2人分）

鶏むね肉（皮なし）…1枚
パプリカ…1/2個
グリーンアスパラガス…2本

A
- にんにく（すりおろし）…1/2かけ
- しょうが（すりおろし）…1/2かけ
- マヨネーズ…大さじ1と1/2
- トマトケチャップ…大さじ1
- しょうゆ…小さじ1/2
- カレー粉…小さじ2

❶鶏肉は6㎝長さの棒状に切る。パプリカは縦1㎝幅、アスパラは根元の硬い部分をむき、長さを3等分に切る。
❷ボウルにAを入れて混ぜ、鶏肉をもみ込む。
❸フライパンを熱し、②の鶏肉のタレをぬぐって入れ、両面をこんがり焼く。フライパンの空いたところにパプリカ、アスパラを入れて、蓋をして5～6分蒸し焼きにする。
❹器に盛り、残った②のタレをかける。

レンジ蒸し鶏のコーンあん

●材料（2人分）

鶏もも肉…1枚
とうもろこし…1本
酒…大さじ1
塩…小さじ1/4

A
- 鶏肉の蒸し汁…全量
- 鶏ガラスープの素（顆粒）…小さじ1
- 塩・こしょう…各少々
- 水…1カップ

B
- 片栗粉…小さじ1
- 水…小さじ2

❶鶏肉は耐熱皿にのせ、酒、塩をからめて下味をつけ、ラップをふんわりとかけて電子レンジで7～8分加熱する。そのままおいて、粗熱が取れたら食べやすく切る。
❷鍋に湯を沸かし、とうもろこしをゆでてザルに上げ、粗熱が取れたら実を削ぐ。
❸鍋に②、Aを入れて火にかけ、沸騰したらBを混ぜながら加えてとろみをつける。
❹器に①を盛り、③をかける。

ピリ辛レモンチキン

●材料（2人分）

鶏むね肉（皮なし）…1枚

A
- にんにく（すりおろし）…1かけ
- 塩・こしょう…各少々

小麦粉…適量

揚げ油…適量

B
- 赤唐辛子（小口切り）…1本
- レモンの絞り汁…大さじ3
- レモンの皮（千切り）…少々
- 酒・砂糖…各大さじ2
- 片栗粉…小さじ1
- 塩…少々

❶鶏肉は一口大に切り、Aをもみ込んでから小麦粉をまぶす。

❷フライパンに揚げ油を1cmくらいの深さまで注ぎ、温度を170℃にする。①を加え、3〜4分揚げ焼きにして取り出し、油をきる。

❸鍋にBを入れて火にかけ、混ぜながら煮る。とろみがついたら②を加え、煮からめる。

豚しゃぶと夏野菜のしょうがだれ

●材料（2人分）

豚ロース薄切り肉（しゃぶしゃぶ用）…150g

トマト（1cm角に切る）…1個

きゅうり…1本

A
- しょうが（すりおろし）…小さじ1
- しょうゆ…大さじ1と1/2
- 酢・ごま油…各大さじ1

❶きゅうりは両端を切り、縦4等分に切ってから横1cm幅に切る。

❷鍋にたっぷりの湯を沸かし、豚肉を2〜3枚ずつ入れて、色が変わったら冷水に取ってザルに上げる。

❸②はペーパータオルで水気をしっかり拭いて器に盛り、トマト、きゅうりをのせて、混ぜておいたAをかける。

豚肉とあさりのガーリック蒸し煮

●材料（2人分）
豚もも薄切り肉…200g
塩・こしょう…各少々
オリーブ油…大さじ1/2
あさり（砂抜きしたもの）…100g
トマト（ざく切り）…1/2個
キャベツ（ざく切り）…大2枚
A ┌にんにく（薄切り）…1かけ
　└白ワイン…50ml

❶豚肉はパックに入ったままの重なった状態で塩、こしょうをふる。
❷フライパンにオリーブ油を熱し、①の形がくずれないようにして入れ、強めの中火で2分焼く。くずさないように裏返して、あさり、トマト、キャベツ、Aを加えて蓋をする。
❸あさりの殻が開くまで、5分ほど蒸し煮する。

なすとえびのエスニック春雨サラダ

≡ 夏野菜 ≡

●材料（2人分）
なす（縦半分に切る）…3個
えび（殻つき・小）…10尾
春雨…50g
A ┌砂糖・練りがらし…各小さじ1
　│ナンプラー（またはしょうゆ）…大さじ2
　└酢・ごま油…各大さじ1
香菜（ざく切り）…1株（10g）

❶えびは尾の一節を残して殻をむき、背中に切り目を入れて背ワタを取る。
❷鍋にたっぷりの湯を沸かし、塩少々（分量外）を加えてえびをゆでる。30秒ほどして色が変わったら取り出し、ザルに上げる。
❸同じ鍋で春雨を袋の表示通りにゆでて冷水に取り、ザルに上げて水気をきる。ペーパータオルで水気を拭いたら、キッチンバサミで食べやすく切る。なすも同様に4分ほどゆでて冷水に取り、ザルに上げて水気をきる。ペーパータオルでしっかり水気を拭き、縦3等分に割く。
❹ボウルにAを入れて混ぜ合わせ、②、③、香菜を入れて和え、器に盛る。

なすと豚バラの卵炒め

●材料（2人分）

なす…2本
豚バラ薄切り肉…100g
プチトマト（ヘタを取る）…5個
ごま油…大さじ1
溶き卵…2個分
A［酒…大さじ1/2
しょうゆ…小さじ1
塩・こしょう…各少々］
かつお節…2g

❶なすはヘタを取り、5㎜厚さの輪切りにする。豚肉は3㎝長さに切る。
❷フライパンにごま油大さじ1/2を強めの中火で熱し、溶き卵を流し入れて半熟状に炒め、いったん取り出す。
❸②のフライパンにごま油大さじ1/2を足し、豚肉を入れて中火で炒める。肉の色が変わったらなすを加え、しんなりするまで2〜3分炒める。
❹混ぜておいたA、トマトを加え、トマトの皮がはじけてきたら②の卵を戻し入れ、かつお節を加えてざっと炒め合わせて器に盛る。

トマトの麻婆豆腐

●材料（2人分）

トマト（ざく切り）…1個
絹ごし豆腐（1.5㎝角に切る）…1/2丁
豚ひき肉…100g
塩・こしょう…各少々
サラダ油…小さじ1
A［にんにく（みじん切り）…1/2かけ
しょうが（みじん切り）…1/2かけ
長ねぎ（みじん切り）…1/4本］
酒…大さじ1/2
B［砂糖…小さじ1/2
しょうゆ・みそ…各大さじ1/2
鶏ガラスープの素（顆粒）…小さじ1/2
水…150㎖］
C［片栗粉…大さじ1
水…大さじ2］
ラー油…小さじ1

❶ひき肉は塩、こしょうをまぶして下味をつける。
❷フライパンにサラダ油を弱火で熱し、Aを入れて炒める。香りが立ってきたら中火にして①を加え、2〜3分炒める。トマトを加えて1分ほど炒め、酒を加えて混ぜ合わせる。
❸混ぜておいたBを加えて混ぜ、煮立ったら豆腐を加えてさっと混ぜる。
❹Cを混ぜながら加えてとろみをつけ、ラー油を回しかけて、器に盛る。

パプリカと豆腐のコチュジャン炒め

●**材料（2人分）**

パプリカ…1個
木綿豆腐…1/2丁
玉ねぎ（薄切り）…1/4個
片栗粉…適量
ごま油…大さじ1
A
コチュジャン…大さじ2
酒・しょうゆ…各大さじ1
砂糖・酢…各小さじ2
にんにく（すりおろし）…1/2かけ
白炒りごま…大さじ1

❶パプリカはヘタと種を取って縦細切りにする。豆腐は半分に切ってから1cm厚さに切り、片栗粉をまぶす。

❷フライパンにごま油大さじ1/2を熱して豆腐を並べ入れ、両面にこんがりと焼き色がつくまで焼いたら、いったん取り出す。

❸②のフライパンにごま油大さじ1/2を熱し、玉ねぎ、パプリカを加えて炒め、油がなじんだら豆腐を戻し入れる。

❹混ぜておいたAを加え、全体に煮からめる。

きゅうりとレンジ蒸し鶏のごまだれ

●**材料（2人分）**

きゅうり…1本
鶏むね肉（皮なし）…1枚
酒…小さじ2
塩…小さじ1/4
A
白すりごま…大さじ2
砂糖…小さじ2
しょうゆ・酢…各大さじ1

❶鶏肉は耐熱皿にのせ、酒、塩をからめて下味をつける。ラップをふんわりとかけて電子レンジで3～4分加熱し、粗熱が取れたら食べやすく割く。

❷きゅうりは両端を切り、まな板の上で包丁の背またはすりこぎで叩いてひびを入れ、4cm長さに切ってから手で割く。

❸器に①、②を盛り、混ぜておいたAをかける。

きゅうり入り豚キムチ

●材料（2人分）

豚バラ薄切り肉…200g
きゅうり…2本
にんにく（みじん切り）…1/2かけ
白菜キムチ…100g
酒・しょうゆ…各小さじ2
塩・こしょう…各少々

❶豚肉は5cm長さに切る。きゅうりは両端を切り、縦半分に切ってから斜め薄切りにする。塩（分量外）をふり、しんなりしたら水気を軽く絞る。

❷フライパンに油をひかずに豚肉を入れ、火にかけて炒める。肉の色が変わったら弱火にして、カリッとするまで炒める。出た脂はペーパータオルで拭き取る。

❸②ににんにくを入れて炒め、香りが立ってきたら酒、しょうゆを加える。キムチを加えて炒め合わせ、最後にきゅうりを加えてひと混ぜし、味をみて塩、こしょうでととのえる。

かぼちゃのキーマカレー

●材料（2人分）

かぼちゃ…1/4個（300g）
パプリカ（またはピーマン）…1個
豚ひき肉…100g
サラダ油…大さじ1

A
にんにく（みじん切り）…1/2かけ
しょうが（みじん切り）…1/2かけ
玉ねぎ（みじん切り）…1/4個（50g）

B
しょうゆ…大さじ1/2
カレー粉…小さじ2
ウスターソース…小さじ1
トマトケチャップ…小さじ1
砂糖・塩…各小さじ1/4
こしょう…少々
水…150mℓ

塩…適量

❶かぼちゃはワタと種を取り、皮をむいて2cm角に切る。パプリカは縦半分に切ってヘタと種を取り、2cm四方に切る。

❷フライパンにサラダ油を熱し、Aを入れて炒める。玉ねぎがしんなりしたらひき肉を加え、ポロポロになるまで炒める。①を加え、ざっと炒め合わせる。

❸Bを加えて混ぜ、蓋をして弱めの中火にして8分ほど煮る。

❹蓋を取って火を強め、軽く煮つめる。味をみて、塩でととのえる。

ズッキーニとプチトマトの卵炒め

●材料（2人分）

ズッキーニ…1本
プチトマト（ヘタを取る）…10個
サラダ油…大さじ2
酒…大さじ1/2
卵…3個
塩・こしょう…各少々

❶ズッキーニはヘタを取り、縦半分に切って長さを4等分に切る。

❷フライパンにサラダ油大さじ1を熱し、①の切り口を下にして入れ、焼き色がついたら裏返し、酒を加えて蓋をし、弱火で4分蒸し焼きにする。トマトを加えて炒め、皮がはじけたら全体をいったん取り出す。

❸ボウルに卵を割りほぐし、塩、こしょうを加えて混ぜ合わせる。

❹②のフライパンの汚れを拭き取り、サラダ油大さじ1を強火で熱して③を流し入れ、大きく混ぜて炒り卵を作る。②を戻し入れて、さっと混ぜて器に盛る。

ズッキーニの豚巻きウスターソースだれ

●材料（2人分）

ズッキーニ…1本
豚バラ薄切り肉…8枚（200g）
サラダ油…小さじ1
A 酒…大さじ1
A ウスターソース…大さじ1と1/2
キャベツの千切り…適量
カットレモン…2切れ

❶ズッキーニはヘタを取り、長さを半分に切ってから縦4等分の棒状に切る。ズッキーニ1切れずつに豚肉を少しずつずらしながら巻きつけ、これを8つ作る。

❷フライパンにサラダ油を熱し、①の巻き終わりを下にして並べる。巻き終わりが焼けてくっついたら、転がしながら全体に焼き色がつくまで7〜8分焼く。途中、出てきた脂はペーパータオルで拭き取る。

❸混ぜておいたAを加えて火を強め、汁気がなくなるまで煮からめる。キャベツを盛った器に盛り、レモンを添える。

枝豆のガーリック焼き

●材料（2人分）

枝豆（生）…180g
ごま油…小さじ2
にんにく（みじん切り）…大さじ2
ポン酢（市販）…大さじ2

❶フライパンにごま油、にんにくを入れて火にかけ、香りが立ってきたらさやに入ったままの枝豆を加え、炒める。
❷ポン酢を加え、しばらく炒めて火を止める。

ゴーヤと豆腐のオイスター炒め

●材料（2人分）

ゴーヤ…1/2本
木綿豆腐…1丁
ごま油…小さじ2
オイスターソース…大さじ2
かつお節…適量

❶ゴーヤはワタを取って薄切りにする。豆腐は一口大に切る。
❷フライパンにごま油を熱して①を炒め、オイスターソースを加えて炒め合わせる。
❸器に盛り、かつお節をかける。

三 麺＆ご飯物 三

ニラ納豆冷やし和え麺

●材料（1人分）

中華麺…1玉
ニラ（1cm幅に切る）…1/4束（30g）
ひきわり納豆…1パック（45g）
豚ひき肉…50g
ごま油…大さじ1/2
A
めんつゆ（ストレート）…150mℓ
練りがらし…少々
塩…少々
酢…小さじ1/2

❶納豆はザルに入れて流水で洗い、軽く粘りを取る。
❷フライパンにごま油を熱してひき肉を炒め、肉の色が変わったら①を加えてさっと炒め、A、ニラを加える。2分ほど煮て火を止め、酢を加え混ぜる。
❸中華麺は袋の表示通りにゆでて冷水に取り、ザルに上げて水気をきる。器に盛り、②をかける。

ジャージャー麺風

●材料（１人分）

中華麺…１玉
豚ひき肉…１００g
ピーマン（みじん切り）…１個
ごま油…小さじ１
「オイスターソース…大さじ１
A にんにく（みじん切り）…小さじ１
「豆板醤…小さじ1/2
万能ねぎ（小口切り）…適量

❶中華麺は袋の表示通りにゆでて冷水に取り、ザルに上げて水気をきる。
❷フライパンにごま油を熱し、ひき肉、ピーマンを加えて炒める。肉に火が通ったらAを加え、炒め合わせる。
❸器に①を盛り、②をのせて万能ねぎを散らす。

キムチ焼きそば

●材料（１人分）

焼きそば麺…１玉
白菜キムチ…50g
ごま油…小さじ１
にんにく（みじん切り）…小さじ１
コチュジャン…小さじ１
万能ねぎ（小口切り）…適量

❶フライパンにごま油、にんにくを入れて火にかけ、香りが立ってきたら焼きそばを入れてほぐし、キムチ、コチュジャンを加え、炒め合わせる。
❷器に盛り、万能ねぎを散らす。

カレーそば

●材料（２人分）

そば（乾麺）…２人分（１６０g）
めんつゆ（ストレート）…７００mℓ
鶏むね肉（８mm幅に切る）…１枚
油揚げ（１cm幅に切る）…１枚
長ねぎ（８mm幅の斜め切り）…1/2本
カレー粉…大さじ１と1/2
A「片栗粉…大さじ２
「水…大さじ４
しょうが（すりおろし）…少々

❶鍋にめんつゆを入れて火にかけ、沸騰したら火を弱めて鶏肉、カレー粉を入れ、７分煮る。途中、出たアクは取る。
❷油揚げ、長ねぎを加え、さらに２分煮る。いったん火を止めて、Aを混ぜながら加えて火をつけ、とろみをつける。
❸鍋にたっぷりの湯を沸かしてそばをゆで、ザルに上げて流水でよく洗う。水気をきり、③に加えて混ぜ、汁をあたためる。器に盛り、しょうがをのせる。

豚バラとなすの卵とじ丼

●材料（1人分）

ご飯…1膳分
豚バラ薄切り肉…100g
なす…1本
片栗粉…少々
玉ねぎ（薄切り）…1/8個
めんつゆ（ストレート）…1カップ
A「溶き卵…1個分
　「牛乳…大さじ1
万能ねぎ（小口切り）…2本分

❶なすはヘタを取って縦半分に切り、皮目に浅く格子状の切り目を入れ、横3等分に切る。豚肉は3cm幅に切り、片栗粉を薄くまぶす。

❷鍋にめんつゆを入れて火にかけ、沸騰したらなす、玉ねぎを入れて蓋をして煮る。なすがしんなりしたら豚肉を加え、肉に火が通ったら混ぜておいたAを回し入れ、半熟状になったら火を止める。

❸ご飯を盛った器に盛り、万能ねぎを散らす。

オクラと豆腐のねばねば丼

●材料（1人分）

あつあつご飯…1膳分
オクラ…3本
絹ごし豆腐…1/2丁
大和芋（または山芋）…80g
卵黄…1個分
かつお節…2g
しょうゆ…適量

❶オクラはガクを取り、塩（分量外）をまぶして手でこすり合わせる。熱湯で3分ゆでてザルに上げ、粗熱を取って薄い小口切りにする。豆腐は一口大に切る。

❷大和芋は皮をむき、すりおろす。

❸器にご飯を盛り、豆腐をのせてかつお節をかけ、②をかけてオクラ、卵黄をのせる。最後にしょうゆをたらす。

著 者

高橋 雅子（たかはし・まさこ）

神奈川県生まれ。ル・コルドン・ブルーで製パンを学び、日本ソムリエ協会ソムリエの資格を取得。1999年よりパンとワインの教室「わいんのある12ヶ月」を主宰。パンとワインのみならず、料理とのマリアージュも好評で、一躍人気の教室となる。2009年にベーグルショップ「テコナベーグルワークス」を開店。主な著書に『おうちでバル[BAR]欧風的立ち飲み屋さんのタパス99』、『おいしい新調味料 塩レモン・塩ゆずレシピ』、『〆まで楽しむ おつまみ小鍋』（以上、池田書店）、『「自家製酵母」のパン教室』、『少しのイーストでゆっくり発酵パン』、『ストックデリで簡単！パン弁』（以上、PARCO出版）など多数。

●STAFF

装丁・本文デザイン	柳田 尚美（N/Y graphics）
撮影	鵜澤 昭彦（スタジオ・パワー）
スタイリング	HISAKO（dish lab）
調理アシスタント	北澤幸子 井上浩子 岡本まどか 池田志壽子 松田雅代 正伯和美 松島ゆうこ
協力	佐々木 素子
校正	村上理恵
編集・構成	吉原 信成（編集工房桃庵）

撮影協力 UTUWA 03-6447-0070

さっぱり＆スパイシー
夏めし100

著 者／高橋雅子
発行者／池田士文
印刷所／大日本印刷株式会社
製本所／大日本印刷株式会社
発行所／株式会社池田書店
〒162-0851 東京都新宿区弁天町43番地
電話03-3267-6821(代)／振替00120-9-60072

落丁、乱丁はお取り替えいたします。

©Takahashi Masako 2019, Printed in Japan

ISBN978-4-262-13044-6

本書のコピー、スキャン、デジタル化等の無断複製は著作権法上での例外を除き禁じられています。本書を代行業者等の第三者に依頼してスキャンやデジタル化することは、たとえ個人や家庭内での利用でも著作権法違反です。

19000005